学校・大学 リスクマネジメントの実践

地震対策・事故防止・情報管理

株式会社 インターリスク総研 ——— 編　本間基照 ——— 著

MS&AD INSURANCE GROUP

同文舘出版

はじめに

　学校を取り巻くリスクは多様化してきており，対応しきれないという声をよく聞く。しかし，事前対策を十分にせずにリスクに向き合うと取り返しのつかない事態を招きかねない。近年，従来までは民事責任が中心だった学校事故に，刑事責任も問われるケースが増えてきている。また研究費不正についても，逮捕に至るケースも出てきている。このように事故やリスクが顕在化した場合，その責任は学校や教職員側に対して厳しくなる傾向にある。

　そのような事態を防ぐためにはリスクの特徴を網羅的に把握し，的確に対処していくことが求められる。

　学校・大学リスクマネジメントとは，学生，教員，職員など，さまざまな立場からリスクの種類とリスクが顕在化したときの影響を考え，対処していかなければならないものである。

　基本に則った理想的なリスクマネジメント態勢の構築とは，リスクマネジメントを実践するための目的，例えば学生の安全確保，学校財産の維持，社会的評価の維持，円滑な学校運営などを掲げたうえで，これらの目的に合ったリスクを洗い出し，所管部門を決めたうえでマニュアルの作成や周知徹底を進めていくことである。また大きな事故は発生させないように，小さな事故については発生したら対応するなど，メリハリをつけることがポイントになる。

　しかしリスクの種類については幼稚園，小学校，中学・高校，大学など学年ごとに大きく異なるほか，対処については教学組織と事務組織の2系統を踏まえての効果的な統制方法を考える必要があるなど，リスクマネジメント態勢を構築するのがきわめて難しいのも特徴である。

　このため，学校・大学リスクマネジメントの構築には，リスクの洗出しや，統制方法の検討で話が止まってしまうケースも多くみられる。したが

って，地震や情報セキュリティなど，まずは重要と思われるリスクを先行して対処していくことも推奨したい。

本書ではリスクごとに，そのポイントをコンパクトにまとめており，また実例も盛り込んでいるため，危機管理の担当者はもちろん，すべての教職員にとっても役立つ内容になっている。

巻末の資料編は，石巻専修大学，宮城学院，福島県立いわき海星高等学校の3校の東日本大震災の記録と地震対応マニュアルのサンプルを付している。東日本大震災の記録は各校より発表された調査報告書から抜粋したものである。地震マニュアルをすでに持っている学校においては，これらの事例とマニュアルのサンプルを参考に，記載内容を検証するとよい。

本書はNPO法人学校経理研究会から刊行されている月刊誌『学校法人』の2012年11月号から2014年12月号に掲載された連載記事「学校におけるリスクマネジメントの実践」を元に，先進的な取組みを行っている学校への取材記録を加えたうえで，完成したものである。

最後に，石巻専修大学，関西大学，宮城学院（宮城学院女子大学，宮城学院中学校高等学校，大学附属幼稚園），横浜市立大学，豊橋中央高等学校，福島県立いわき海星高等学校，目白研心中学校・高等学校，京都産業大学すみれ幼稚園，またスポーツ関連の資料，情報をご提供頂きました公益財団法人日本体育協会，公益財団法人スポーツ安全協会の皆様に感謝を申し上げたい。

教職員全員が同じベクトルのもと，リスクマネジメントを実践するために本書を活かして頂ければ幸いである。

2016年1月

本間基照

学校・大学リスクマネジメントの実践●もくじ

第1章 リスクマネジメント総論　　1

1 実効性のあるリスクマネジメントの実践　　2
1. リスクマネジメントの定義　2
2. リスク共通の「背景」を見いだす　2
3. 危機発生時（事後対策）の共通ルールは「1つ」　3
4. 対応体制を一本化する　5

2 対処すべきリスクの選定　　7
1. リスクの洗い出し　7
2. 対処すべきリスクの選定　9

3 リスクへの対処　　11
1. リスクコントロール　11
2. リスクファイナンシング　12
3. 基本はリスクコントロールとリスクファイナンシングの組み合わせ　12
4. PDCAサイクルを着実に回す　12
5. 費用対効果を考えた対処方法の選択　13

4 広報対応の実務　　15
1. 緊急時の広報対応の基本　15
2. ポジションペーパーの作成　15
3. 記者への対応の原則　16
4. 電話取材への対応　17
5. 記者会見　17
6. 大学が記者会見すべきリスク　18

7. 平常時の取組み　*18*

事例1 横浜市立大学 ──────────────── *19*

事例2 関西大学 ─────────────────── *21*
1. 危機管理マニュアル　*21*
2. 専門人材の育成　*22*

事例3 宮城学院 ─────────────────── *23*
1. 危機管理基本マニュアル　*23*
2. 幼稚園の対応　*24*

第2章　業務継続計画（BCP）──地震，新型インフルエンザ対策　*25*

1　大学における地震対策 ─────────────── *26*
1. 前提となる大震災時の被害想定を考える　*26*
2. 対策本部が立ち上がるまで（発災直後）の対応　*27*
3. 対策本部の対応　*28*
4. 建物の耐震化　*30*
5. 備蓄の整備　*30*

2　幼稚園，小中高校における地震対策 ───────── *32*
1. 発災直後の対応　*32*
2. 校外学習時に発災したときの対応　*33*
3. 安否確認　*34*
4. 障がいのある園児や生徒への対応　*34*
5. 保護者への引渡し　*34*
6. 心のケア　*35*

3　津波避難判決の警鐘 ──────────────── *37*
1. 津波判決の警鐘　*37*
2. 園児の保護義務　*37*

3. 情報の収集義務　*37*

　　4. マニュアル内容の周知徹底　*38*

4 マニュアル内容の周知徹底方法（訓練手法）――――――― *39*

　　1. 座学研修　*39*

　　2. 図上訓練　*39*

　　3. 実動訓練　*39*

　　4. 図上訓練＋実動訓練（自衛消防隊訓練，避難訓練）　*40*

　　5. 災害対応カードゲーム教材「クロスロード」　*40*

5 新型インフルエンザへの対応 ――――――――――――― *42*

　　1. 新型インフルエンザ対策　*42*

　　2. 具体的な対応策の留意点　*44*

6 業務継続計画（BCP）の策定 ―――――――――――― *46*

　　1. 業務継続計画（BCP）とは　*46*

　　2. BCPの策定プロセス　*47*

　　3. BCPの策定とBCMの重要性　*49*

事例1　関西大学 ――――――――――――――――――― *50*

　　1. 防災訓練　*50*

　　2. 災害対策本部による図上訓練　*52*

事例2　宮城学院 ――――――――――――――――――― *53*

　　1. 地震対応マニュアル　*53*

　　2. 防災訓練　*54*

　　3. 宮城学院中学校・高等学校の地震防災マニュアル　*55*

　　4. 宮城学院女子大学附属幼稚園　*55*

事例3　豊橋中央高等学校 ――――――――――――――― *57*

事例4　京都産業大学すみれ幼稚園 ―――――――――――― *58*

　　1. 地震対応マニュアル　*58*

　　2. 防災訓練　*59*

主なリスク事例―災害・感染症　*60*

第3章　学校の賠償責任　　　　　　　　　　　*61*

1 学校の賠償責任 ―――――――――――――――― *62*
1. 賠償責任の法的な構成　*62*
2. 損害賠償責任を負う可能性のあるリスク　*64*
3. 賠償責任リスクへの対応　*65*

2 学校事故の実例と対策 ―――――――――――――― *66*
1. 学校活動に起因する事故　*66*
2. 施設に起因する事故　*67*
3. 損害保険の重要性　*70*
4. 事故発生時の法的責任　*71*

3 スポーツ活動中の事故 ―――――――――――――― *72*
1. スポーツ活動前の確認事項　*72*
2. 事故発生時の対応　*75*
3. 指導者として必要なこと　*77*

4 ハラスメント ――――――――――――――――― *79*
1. ハラスメントとは　*79*
2. ハラスメントへの必要な対応態勢　*79*
3. ハラスメントへの対応における問題点　*81*
4. 相談員の心構え　*82*
5. 公正な判断が求められるハラスメント委員会　*82*

5 学園祭のリスク管理 ――――――――――――――― *83*
1. 食中毒リスク　*83*
2. 飲酒に関するリスク　*84*
3. リスクチェック項目　*85*

主なリスク事例―学校事故・ハラスメント　*87*

第4章　情報セキュリティ対策　*89*

1　情報漏えい対策 ―― *90*
1. 学校特有の情報漏えいの事例　*90*
2. ライフサイクル別の対応策が情報管理の基本　*90*
3. 適正な取扱いが求められる個人情報　*92*
4. 定期的な教育研修　*94*

2　SNS利用におけるトラブル ―― *95*
1. 学生，教職員のトラブル事例　*95*
2. SNSの特性を理解させることから始める　*96*
3. SNS利用のガイドラインを作成する　*96*

主なリスク事例―情報漏えい・SNS　*99*

第5章　学生の海外留学　*101*

学生の海外留学 ―― *102*
1. 学生の生命，安全を優先して対応する　*102*
2. 学生に周知徹底すること　*102*
3. 学校・大学の対応態勢の構築　*103*
4. 情報の収集が最も重要である　*105*

事例　横浜市立大学 ―― *106*
1. 緊急時の対応マニュアル　*106*
2. 危機管理マニュアル作成プロセス
   （危機管理プロジェクト，危機管理シミュレーション訓練）　*107*
3. 危機発生の予防～海外派遣学生への渡航前オリエンテーション　*108*

vii

第6章　いじめと体罰　　109

1 いじめ ───── 110
1. いじめの実態　*110*
2. いじめ防止の基本は4つ　*111*
3. いじめ発見時の学校としての対応　*112*

2 体罰 ───── 114
1. 体罰の定義　*114*
2. 体罰の実態　*114*
3. 体罰防止のポイントは3つ　*115*

事例1　豊橋中央高等学校 ───── 117
1. いじめ問題への基本指針　*117*
2. いじめの早期発見，対応　*117*

事例2　目白研心中学校・高等学校 ───── 119
主なリスク事例─いじめと体罰　*120*

第7章　研究不正と論文不正　　121

1 研究費の不正 ───── 122
1. 研究費の不正の実態　*122*
2. 不正防止計画に盛り込むべき項目　*122*
3. 研究費の適正な運営・管理活動　*124*

2 論文不正 ───── 127
1. 組織的な取組み　*127*
2. 研究者個人の意識改善　*129*

3 調査報告書からみる論文不正の実態 ───── 131
1. 調査報告書への記載項目　*131*

2. 論文不正の手口　*132*
  3. 査読による論文不正の排除の難しさ　*133*
 主なリスク事例―研究不正と論文不正　*135*

第8章　学校に関わるさまざまなリスク　*137*

1　保護者からのクレーム対応　——————————　*138*
  1. 重要な初期対応　*138*
  2. 初期対応のあとは組織での対応が基本　*138*
  3. 対応が難しいケース　*140*
  4. 必要な教職員へのメンタル面での対応　*140*

2　不審者対策　——————————　*141*
  1. 防犯の基本は4つ　*141*
  2. 平常時の対応は，声かけ・巡回，防犯器具・機器の設置，教育訓練　*142*
  3. 危機発生時の基本は警察が到着するまでの児童・生徒の安全確保　*143*
  4. 求められる4つの基本項目の充実と危機発生時の対応態勢の構築　*145*

3　自転車利用の法令順守　——————————　*146*
  1. 警察による自転車運転に対する取り締まりの強化　*146*
  2. 自転車事故による高額な賠償金支払いの事例　*146*
  3. 学校・大学に求められる自転車利用の法令順守の取組み　*147*
  4. 学生への周知徹底方法　*148*

4　食物アレルギーへの対応　——————————　*149*
  1. 食物アレルギーとアナフィラキシーショック　*149*
  2. 学校での対応のポイント　*150*
  3. 基本は原因食物を摂らせないこと，緊急時の対応を周知徹底すること　*152*

5　貴重書の管理　——————————　*153*
  1. 貴重書の損失　*153*

2. 貴重書の保存　*155*

 3. 貴重書の補修　*155*

 4. 貸出規程を策定して利用者の理解，協力を求める　*155*

6　学生・教職員の不祥事 ──────────────── *156*

 主なリスク事例─学校におけるさまざまなリスク　*157*

資　料　東日本大震災の記録　　*159*

1　石巻専修大学 ────────────────── *160*

2　宮城学院 ──────────────────── *166*

 1. 大学・大学院　*166*

 2. 中学校・高等学校　*168*

 3. 附属幼稚園　*169*

3　福島県立いわき海星高等学校 ──────────── *172*

 1. 東日本大震災発災直後の対応　*172*

 2. 復旧対応　*172*

地震対応マニュアル（サンプル）───────────── *175*

参考文献　*185*

取材協力一覧　*186*

第1章

リスクマネジメント総論

　第1章はリスクマネジメントの基礎である。リスクの洗出し，重要リスクの選定など，リスクを顕在化させないための対応と，リスクが発生したときの危機発生時対応の基本を広報対応も含めて，解説する。

1 実効性のあるリスクマネジメントの実践

　リスクを網羅的に洗い出し，重要なリスクについて対策マニュアルを作ることでリスクマネジメントが実践できていると考えている学校は多い。しかし新聞報道をみるかぎり，学校の事件・事故に関する記事が大きく減っている様子は見受けられない。また，顕在化したリスクに対して常に十分な対応ができている学校も少ないのが現実である。

1．リスクマネジメントの定義

　リスクとは，顕在化したときに学校への悪影響を及ぼす事象であり，地震などの自然災害，教職員や学生の不祥事などである。危機事象ともいう。
　これらのリスクが顕在化しないための事前対応と，リスクが顕在化したあとの悪影響を最小化するための事後対応をあわせてリスクマネジメント（またはリスク管理）という。事後対応を特に危機管理という。
　なおこのリスクマネジメントの定義は，わかりにくいという理由から，学校，大学，自治体などに限っては，事前対応と事後対応をあわせて危機管理，特に事後対応のことをクライシスマネジメントと慣例的に呼んでいることもある。

2．リスク共通の「背景」を見いだす

　個人情報の漏えい，入試の不正，学生の不正行為，補助金の不正受給，論文の盗用など，学校に関連する事件・事故の記事は目立っている。少子化を背景にブランド力を落とさないよう，リスクマネジメントに対して真剣に取組んでいる学校が増えているにもかかわらず，である。
　情報漏えいを例に考えてみたい。一般的な対策は「ファイルを持ち出せないようにする」「マニュアルを作成する」「研修を行う」などがある。し

かし，職員数が少なく忙しい，頻繁な異動があるため職員の業務スキルが追いつかないなど，情報漏えいが発生する前に「ファイルを持ち出す」行為の理由が必ずある。その理由に対して対策を施さないかぎり，情報漏えいの発生を抑制することはできない。

　事務局（リスクマネジメントを所管する部門）を中心に「一般的な対策」だけを行っている場合，対症療法的な対策を行っているに過ぎない。リスク共通の理由，すなわち「背景」を見いだし，組織や職員1人ひとりの意識を変えていかなければ，リスクマネジメントの実効性ある実践には繋がらない。

3．危機発生時（事後対策）の共通ルールは「1つ」

　地震対策マニュアル，個人情報漏えいマニュアルなど，リスクごとに充実した内容で（多くのページを使って）マニュアルを作成している学校は多い。しかし，危機発生時にページ数の多いマニュアルをみて十分な対応ができるかどうかは疑問が残る。当然ながら作成していないリスクが顕在化した場合，まったく対応ができないことになる。

　事前対策については，地震，個人情報漏えいなど，リスク固有の状況に対処していかなければならないため，それぞれ固有の対応方法を定めておく必要がある。

　もっとも危機発生時の対応は，以下に示した5つの対応項目が基本となる。すなわち，この基本的な対応項目を文書化し，教職員に周知徹底されていれば，マニュアルのないリスクが顕在化した場合でも対応することは十分に可能となる。

(1) トップへの報告，本部設置，職員招集

　まずは対応体制を構築しなければならない。意思決定する責任者を定め，実務的な対応を行う職員（本部員）を確保する。全学的な対応が必要な場

合，学長や校長などを責任者（本部長）として，対応本部を設置する。本部員の役割は，リスクへの対応案をメリットとデメリットをあわせて起案する役割を担い，本部長はその案を承認または否認する役割を担う。

(2) **事実確認**
　対応するためには情報を収集しなければならない。その前提としてどこから情報を取得するのか，情報源の確保をまずは行う。必要に応じて現場に職員を派遣することも必要となる。リスクが発生した場合，正しい情報，不確かな情報など，多くの情報であふれることになる。その中から必要な情報を抽出することも重要である。

(3) **情報の伝達**
　確認した事実と対策本部での決定事項を必要な関連部署や関連学部，系列学校に伝達する必要がある。また，学生や保護者にも必要な情報を提供することも忘れてはならない。

(4) **救助・救援，被害拡大の防止**
　リスクが発生したことによる損害の拡大を防ぐために，確認した事実に基づき，救助・救援，被害拡大の防止に努める。例えばケガ人が発生した場合には，危険な場所に近づかせない，施設で事故が発生した場合には，原因究明までは当面の利用を控えるなどの対応を行なう。

(5) **広報対応**
　対応内容は外部に発信する必要がある。学内関係者はもちろんのこと，必要に応じてマスコミにも発表する。

(6) 原因究明，再発防止策

リスクが顕在化した場合，必ず原因究明，再発防止策を行う必要がある。原因究明については以下の4つの観点から分析を試みる。

ヒューマンエラー，悪意によるもの，ルール通り実施しなかったなどの①ヒトに起因する要因，設備等に瑕疵があった，システム等に不備があったなどの②モノに起因する要因，情報が共有されていなかった，周知徹底されていなかったなど③情報に起因する要因，ルールがなかった，ルールに不備があったなど，④ルールに起因する要因の4点である。

これらの分析を通じて判明した原因は，必ず再発防止策を行わなければならない。

(7) 関係者の処分

必要に応じて関係者を処分する。なお，処分の時期は，原因究明が行われた後に行う。正しい処分ができないためである。

(8) 記録

リスク顕在化から終息するまで，必ず記録を取り，同様の事案が再発しないようにする必要がある。

4．対応体制を一本化する

危機発生時において，組織のトップが意思決定者となり，ラインを通じて決定事項を現場に指示するという対応体制が基本となる。ただし大学の場合，教学組織と事務組織の2つの系統がある。トップが理事長か学長か，最終的な意思決定者を明確化することが重要となる。また付属校がある場合，各校長の位置づけも明確化しなければならない。一般的には理事長が最終意思決定者となり，学長，各校長が対策本部要員として，全体の意思決定を補佐するところが多い。

平常時においても同様の体制をとることがポイントとなる。ただし大学の場合，ハラスメント委員会，理工学部中心の安全管理委員会など，専門委員会を複数もつケースが多い。また対応についても各学部で完結しているケースも多い。いずれの専門委員会においても最終意思決定者を理事長，または学長などに一本化することがポイントである。

図表1-1　危機発生時の対応体制（例）

```
         ┌─────────────────┐
         │  本部長（意志決定）  │ ┐
         ├─────────────────┤ │
         │ 本部員・情報収集担当 │ │
         │     連絡調整担当    │ │ 対策本部
         │     学生担当       │ │
         │     広報担当       │ │
         └─────────────────┘ ┘
         ┌────┬────┬────┐
         │事務│各 │系列│  ┐
         │組織│学部│学校│  ┘ 現　場
         └────┴────┴────┘
```

図表1-2　平常時の対応体制（例）

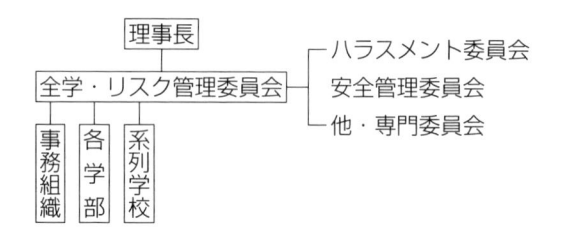

```
         ┌──────┐
         │ 理事長 │──┬─ ハラスメント委員会
         ├──────┴─────┤│
         │全学・リスク管理委員会├┼─ 安全管理委員会
         └──┬──┬──┬──┘│
            │  │  │     └─ 他・専門委員会
         ┌──┬──┬──┐
         │事務│各 │系列│
         │組織│学部│学校│
         └──┴──┴──┘
```

2 対処すべきリスクの選定

　事前対策を行うにあたり，学校を取り巻くリスクの種類にはどのようなものがあるのかを知らなければ，対策の施しようがない。本節はリスクマネジメントの最初のステップであるリスクアセスメントについて解説したい。

　リスクアセスメントとは，リスクを網羅的に洗い出し，重要リスクを抽出して，優先的に対処すべきリスクを選定するプロセスのことである。以下に，その詳細を示す。

1．リスクの洗い出し

　リスクを洗い出す方法は主に2つある。1つ目は図表1-3で示したような汎用的なリスク一覧表を用いて，この中から取捨選択していく方法である。2つ目は他校の事例，過去に顕在化した事例から自らの学校に当てはまるかどうかを検討していく方法である。

　重要なリスクは注目度も含めて時とともに変遷する。例えば新型インフルエンザ，ブログやSNSへの不適切な書き込み問題は，過去には注目されなかった事例である。他校でどのようなリスク事例があるのか，またどのようなリスクに注目が集まっているのか，常に注視することが必要である。

図表 1-3　学校・大学におけるリスク一覧例

分類	リスクの詳細
取引法的問題	予定価格の漏えい／大学名の無断使用／発明者に関する権利問題／著作権の侵害
社会・経済	定員割れ／受験者数の減少／金利変動／為替変動／財政変動／外部圧力団体による批判／誹謗・中傷、悪評の流布
自然現象	大地震・津波／台風・洪水／大雪／落雷
政治	戦争・暴動／テロ／立法，法令改正／税制変更／献金の強要
技術	ライフラインの機能停止，阻害
経営・内部統制	重要情報の隠蔽／経営審議会等の審議機能の低下／提出書類の虚偽記載／大学案内等の虚偽記載／知的財産権の侵害／印章の不正使用／教職員による詐欺／無許可での校舎の工事／危険物の盗難，漏出／損害賠償請求／留学生の入学・在学手続きの不備，失踪／入試の採点ミス・出題ミス・監督対応ミス／入試問題の漏えい／合格情報の誤発表／規程外の合格判定／入学金，授業料の返還／教育サービスに対する満足度の低下／就職率低下／広報対応の失敗／学生団体からの暴力行為等
財務	交付金・補助金の削減／臨時出費／資産算定のミス／教職員の横領
情報セキュリティ	ホームページ内容の改竄／サーバのダウン／サーバへの不正侵入／サイトへのハッキング行為／コンピュータウイルスの感染／サーバのデータ消失／個人情報漏えい／教職員情報の漏えい／ソフトウェアの違法コピー
環境	有害物質の流出／バイオハザード／放射能漏れ／騒音（実験等，学生の騒じょう）／不法投棄／異臭
雇用（学生・教職員）	授業料の未納／教職員の過不足／学生の学習力の低下／ハラスメント／事件・事故／研究費の不正受給／不正行為による論文作成／教員のマスコミへの無責任なコメント／スキャンダル／飲酒運転／未成年者の飲酒，喫煙／飲酒強要による事故，傷害／不適切な内容のブログ等の公開／大麻所持／周辺商業施設の無断利用／大学資産の着服
労働安全衛生	自殺／メンタルヘルス障害／人権侵害／雇用差別／実験中の中毒／大学施設に起因するケガ／放射性物質による被曝／既往症起因の発症・発作／遭難／過剰なVDT作業／食中毒／感染症／交通事故
施設・設備	爆発／火災／漏水／停電，エレベータ停止・閉じ込め／爆発物騒ぎ／不審者侵入／盗難事件／校舎へのアスベスト使用／害虫の大量発生／大学施設利用者の事故／受託物の毀損／大学施設への破壊行為

2．対処すべきリスクの選定

　リスクを網羅的に洗い出したら，次は対処すべきリスクの選定である。発生頻度や影響度が高いリスクが全学的に取り組む必要のある重要リスクとなる。このうち対策度が低いリスクは優先的に取り組まなければならないものと判断して，対策を進めていくことになる。

(1)　重要リスクの抽出

　発生頻度とはリスクの起こりやすさである。3段階で評価する場合の例として，評価3は毎年発生，評価2は2～3年に1回発生，評価1は5年超に1回発生とおく。

　影響度とはリスクが顕在化したときの学校に与えるインパクトである。金銭面のほか，マスコミでの報道回数，業務停滞の期間などを指標とする。3段階で評価する場合の例として，評価3は1億円（または収入の1割程度）以上の影響，複数回のマスコミ報道，1週間以上の業務停滞とおく。評価2は1,000万円（同数％程度）以上の影響，1回程度のマスコミ報道，1～3日程度の業務停滞とおく。評価1は1,000万円（同1％程度）未満，マスコミの報道なし，業務停滞はなしとおく。

　以上の発生頻度と影響度を掛け合わせる，または加算した数値（リスクポイントともいう）が，より高いものが全学的に取り組む必要のある重要リスクとなる。これを図示したものがリスクマップである（図表1-4左を参照）。この中で右上に位置するリスクが重要リスクとなる。

(2)　優先的に対処すべきリスクの選定

　可能であれば対策度を考慮して，重要リスクから対処すべきリスクを選定するとよい。対策度とは当該リスクへの備えがどれだけできているかを示したものである。3段階で評価する場合の例として，評価3はソフト面

ではマニュアルがあり教職員に周知徹底ができている，またハード面では十分な対策が講じられている状態である。評価2はソフト面ではマニュアルはあるが周知徹底ができていない，またハード面では一部のみ対策が講じられている状態である。評価1はソフト面ではマニュアルがない，ハード面では対策が講じられていないという状態である。

　発生頻度のポイントと影響度のポイントを掛け合わせた，または足した結果をリスクポイントという。このリスクポイントが高く，かつ対策度が低いリスクが優先的に対処すべきリスクということになる（図表1-4右を参照）。

図表1-4　リスクマップ

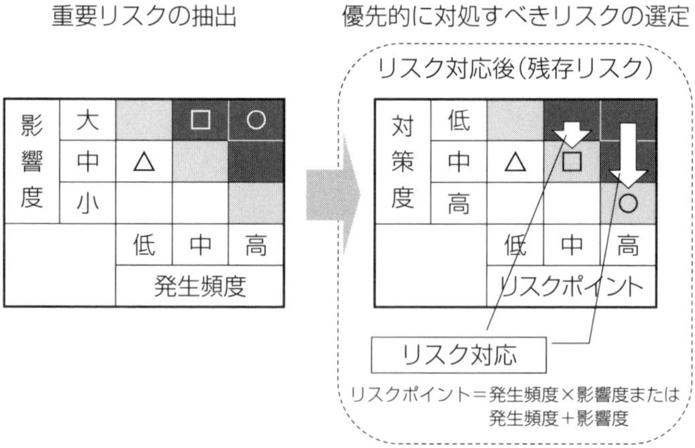

重要リスクの抽出　　　優先的に対処すべきリスクの選定

リスクポイント＝発生頻度×影響度または発生頻度＋影響度

3 リスクへの対処

　リスクへの対処は，重要リスクについては発生しないように，または発生した場合の損害をできるだけ小さくするように対処し，重要リスク以外については発生時に対処するといったメリハリをつけることが基本となる。

　対処の基本は，①リスクコントロールと②リスクファイナンシングの2種類がある。前者は金銭面以外での対応であり，後者は金銭面での対応である。

図表1-5　リスクへの対処の基本

```
リスクへの対応
  ・リスクコントロール
    （回避，低減，移転，分離）
  ・リスクファイナンシング
    （保有，損害保険への加入）
```

1．リスクコントロール

　リスクコントロールには，①回避，②低減，③移転，④分離の4種類がある。リスクの発生頻度，影響度を見て，対処の方針を選定する。

　①回避とは，当該業務やイベントを止めることである。発生頻度，影響度のいずれもが高い場合に選択する。

　②低減とは，リスクが発生しないように予防すること（発生頻度の低減），リスクが発生した場合でも損害が小さくなるように対処すること（影響度の低減）の2種類がある。

　自然災害，事件など，学校自らが発生をコントロールできないリスクを外部要因型リスクといい，このリスクへの対処の基本は影響度の低減とな

る。一方，横領や不正や情報漏えい事故など，組織や教職員個人を要因とするリスクを内部要因型リスクといい，このリスクへの対処の基本は発生頻度の低減となる。

　③移転とは，外部委託や契約によってリスクを第三者に移転することである。

　④分離とは，業務継続を行うための基本的な考えであり，バックアップを行う，または複数で担当することである。

2．リスクファイナンシング

　リスクファイナンシングには，①保有，または②損害保険への加入の2種類がある。

　①保有とは，リスクが発生した場合，その損害を学校自らが負担することである。学校運営に大きな影響を及ぼすことのないリスクを対象に選定する。

　②損害保険への加入とは，リスクが発生した場合，その損害が学校運営に大きな影響を及ぼす可能性のあるリスクを対象に選定する。

3．基本はリスクコントロールとリスクファイナンシングの組み合わせ

　リスクへの対処には，リスクコントロールとリスクファイナンシングを組み合わせることが基本となる。いずれか一方での対処では効果が半減することもあるので，全学的にみて費用対効果を見極めて対応策を検討する必要がある。

4．PDCAサイクルを着実に回す

　リスクへの対処を着実なものにするためには，PDCAサイクルを推進しなければならない。

　P（Plan／計画）とは，重要リスクの抽出，規程・マニュアル類の作成，

研修計画の策定など，リスクマネジメント全体の枠組みや実行計画を作成するための取組みである。

D（Do／実施）とは，教職員や学生に対して，作成した規程やマニュアル類の内容を周知徹底するための取組みである。

C（Check／評価）とは，リスクマネジメントが計画的に実践されたか，できなかった場合には何が悪かったのかを評価するための取組みである。

A（Act／改善）とは，C（Check／評価）を踏まえて，規程・マニュアル類を改善するための取組みである。

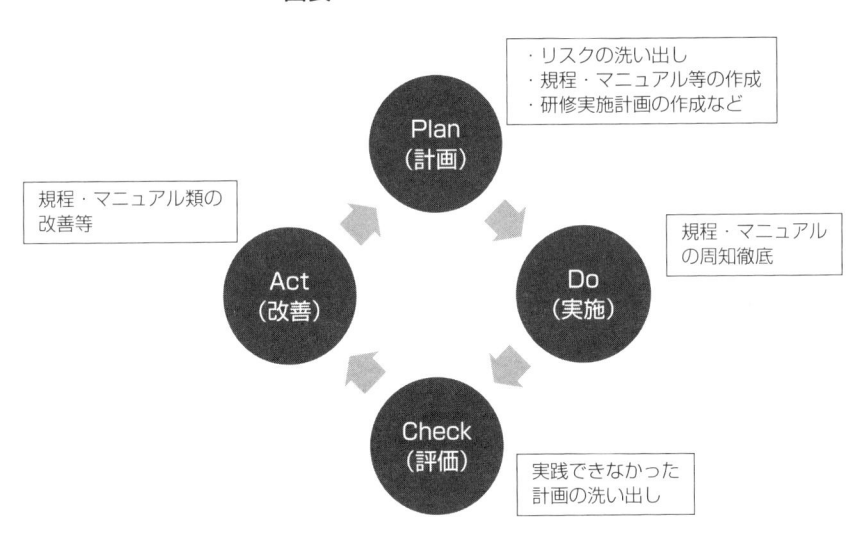

図表1-6　PDCAサイクル

- リスクの洗い出し
- 規程・マニュアル等の作成
- 研修実施計画の作成など

Plan（計画）

規程・マニュアルの周知徹底

Do（実施）

実践できなかった計画の洗い出し

Check（評価）

規程・マニュアル類の改善等

Act（改善）

5．費用対効果を考えた対処方法の選択

リスクマネジメントへの対応には費用対効果を考える必要がある。標準偏差という考えを準用するとよい。発生頻度が低いと言われる2標準偏差

の5％と，発生頻度がきわめて低いと言われる3標準偏差の1％を目安に考えると良い。1年に1回発生する発生頻度は100％と定義され，これをもとに計算すると2標準偏差では20年に1回，3標準偏差では100年に一回発生することになる。すなわち，統計的には20年から100年に1回発生する状況に対処できることを基本に，費用対効果を考えるとよい。なお，それ以上の発生頻度のリスクについては，対処できないことも認識しておかなければならない。

4 広報対応の実務

　論文不正，ハラスメント，学生の不祥事などのリスクが顕在化した場合，マスコミ等への公表も検討しなければならない。本節では広報対応の実務を解説する。

1．緊急時の広報対応の基本

　広報対応には，①記者会見，②プレスリリース（公表），③積極的な公表はしないが照会に備えて想定問答集（取材の準備）を作成しておく，の3段階がある。基準は以下のとおりである。
　①記者会見は同時に多くの記者との情報共有ができるため，「不特定多数の被害者に伝える必要がある場合」「補足説明しなければ世論をミスリードする場合」「3社以上のマスコミが要求した場合」のいずれかに該当する場合に実施する。
　②プレスリリース（公表）は，補足説明しなくても世論をミスリードすることがない場合の対応である。
　③想定問答集のみの作成は，プレスリリースも行う必要がない影響度の小さなリスクが顕在化した場合の対応である。もっとも当該リスクが後にマスコミが知るところになり報道に至った場合，またはその後に影響度が拡大した場合には，記者から「隠ぺいした」と判断されることもある。したがってリスクが顕在化した場合は，可能なかぎり公表すべきである。

2．ポジションペーパーの作成

　ポジションペーパーとは学校としての公式見解を取りまとめたものである。記者会見を行う前や想定問答集を作成する前に作成するものである。記者からの質問等には，ここに書かれたことを基本に説明することになる。

ポジションペーパーには，事実の概要，被害の内容，対応状況，（わかる範囲内での）原因，今後の対応方針，想定問答を基本に，過去に発生した類似のケースや復旧状況，再発防止策，処分内容等も盛り込む。

　記者会見や電話取材には，このポジションペーパーに記載された事項を基本に対応することになる。記載のない事項に対する記者等からの質問に対しては，「調査中」または「事実を確認中」と回答する。なお「ノーコメント」は記者のもっている情報で記事を書いてもよいと同じ意味であり，使ってはならない。

3．記者への対応の原則

(1) 基本的な心構え

　①迅速な初期対応（とりあえずの第一報），②広報の目的は実態を正確に伝えることであり，マイナス要素を小さく伝えてプラス要素を大きく伝えるものではない，③人の生命，健康，安全を軽視（法令違反はしていない，適切に対応していた，事故が発生したのはほかにも原因がある等）しない，の3つが基本的な心構えとなる。

(2) 情報飢餓にしない

　継続的（定期的）な情報発信がない場合，記者は新たな情報がないのか，情報が隠されているのかを判断できない。したがって，新たな情報がない場合でも継続的な情報発信は必要である。

(3) 情報発信は締切りを意識する

　新聞の締切りは，朝刊の最終版は午前1時半頃，夕刊の場合は午後1時半頃である。したがって，この締切り以降の情報は新聞には掲載されない。記者会見やプレスリリースを行う場合には，この締切時間を念頭に余裕をもった対応が必要となる。テレビの定時ニュースも意識しておくとよい。

(4) 記録する

　記者からの照会対応に関しては，すべて記録しておく必要がある。記者によって対応状況にばらつきがないようにするためである。

4．電話取材への対応

　電話取材への対応はできるだけ窓口を一本化しておく。対応者が増えると，対応内容にばらつきが生じるためである。

　質問にはポジションペーパーに基づいて回答し，対応状況を記録することも忘れてはならない。

5．記者会見

(1) 準備

　広い会場を用意すること（スチールカメラマン，テレビカメラマン用のスペースを確保しておくこと），配布資料を用意すること，スポークスマン（代表して説明等を行う人）を決めておくことがポイントとなる。

　また，会見用のテーブルは足元を隠しておくこと，空調を効かせておくこともポイントとなる。足元の不用意な動きや汗を拭うなどの仕種を避けるためである。

(2) 会見

　スポークスマンは推測発言や，あやふやな表現は避け，ポジションペーパーの内容に従って回答する。また質問者からの視線を避けない，感情的にならない，誘導尋問には乗らないことにも注意が必要である。

(3) 運営

　記者からの質問がなくなるまで，記者会見は終了させない。

6. 大学が記者会見すべきリスク

　記者会見の対象となり得るリスクは，①教学組織では入試関連のミス（出題ミス，合否判定ミス，入試問題の漏えい），論文不正，研究費の流用，教員・学生の不祥事，②法人組織では大学施設内での事故，職員の不祥事，③両者いずれのケースも当てはまるものとしては情報漏えい，ハラスメント，火災（理系学部で発生した場合は教学組織）などである。

　①教学組織に関するリスクの場合は学長，副学長，学部長，②法人組織に関するリスクの場合は理事長，事務局長の対応を基本とする。マスコミで繰り返し報道される，組織全体に影響するなどリスクの重大性に応じて，より上位の職種で対応する。

7. 平常時の取組み

　記者会見の実施や電話取材への対応によって，事態を悪化させてしまうこともあり得る。そのためにはポジションペーパーの適切な取りまとめ，スポークスマンや電話取材対応者のスキル向上が欠かせない。危機発生時の対応を教職員全員が理解するとともに，適切な内容のポジションペーパーを迅速に作成できるよう，危機発生時の図上演習に広報対応訓練を組み込むとより効果的である。

事例1　横浜市立大学

　横浜市立大学が，危機管理の観点から最も重視することは，危機の発生の予防策及び発生した場合の被害の最小化である。同大学では，上記観点から，危機の発生予防に努める傍ら，それでも発生した危機については被害を最小にとどめるべく「危機管理マニュアル」を作成し，内容の充実を図っている。

　「危機管理マニュアル」は，国内・構内を想定したものと，学生海外派遣を想定したものの2部構成となっている。より発生頻度が高い，国内・構内を想定したものについて，以下に概要を記す。

　国内・構内での危機を想定した「緊急時の対応マニュアル」では，①第一報を受けてからの，担当部門，関連部門，トップ相互の緊急連絡体制，②対策本部にかかること，そしてもっとも高度な対応力が求められる③急患発生時の教職員の対応の章で構成されている。

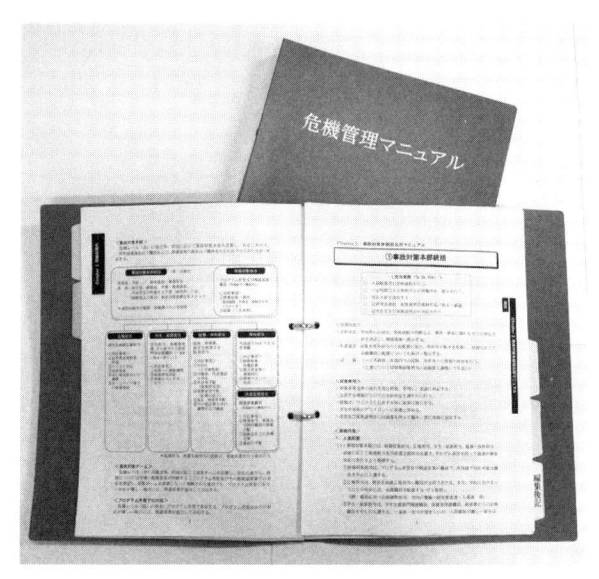

「危機管理マニュアル」

例えば，具体的には，①についてはキャンパスごとに連絡フローを作成して簡略な図示を施し，マニュアルを読みこまずとも一見して連絡フローを確認できるようにしている。②については本部設置基準や本部長，本部のメンバー構成及び役割分担（情報収集班，広報班，学生・家族対応班等）を記載している他，③ではやはり緊急時にあわてないように，対応すべきことが時系列で示された記入型のアクションカードが付されている。

　さらに同大学の取組として特徴があるのは，これらマニュアルについて，多部門の職員による学内プロジェクトを立ち上げ，約2年かけて作成したことである。リスクの洗い出しから，職員自らプロジェクトとして対応したことで，各職員の危機管理意識の醸成，及び他部門の職員との連携能力，危機管理に関する基礎知識の習得に寄与し，ひいては組織としての危機管理能力向上に繋げている。

事例2　関西大学

　関西大学の危機管理の強みは，体系化された文書と，専門人材の育成・配置にある。

1．危機管理マニュアル

　文書体系については，危機管理基本規程を最上位規程として，リスク共通のマニュアルとして危機管理基本マニュアルを作成，その方針のもと個別マニュアルを作成している。

　個別マニュアルの対象リスクは，地震，防犯，感染症，学生の事故，入試トラブル，広報，海外事故対応，理工系安全対策の8種類である。全学的なリスクの洗い出しを行った上で選定したものである。これらのマニュアルは教職員向けであるが，学生向けにも「かんだいLIFE」という小冊子を作成し，周知徹底を図っている。地震・火災の際の行動，感染症に罹患した場合の注意事項のほか，悪質商法に遭遇したとき，病気や怪我をしたとき，どのような行動をとればよいのかがすぐわかる内容のものとなっている。なお，ホームページにも

「かんだいLIFE」 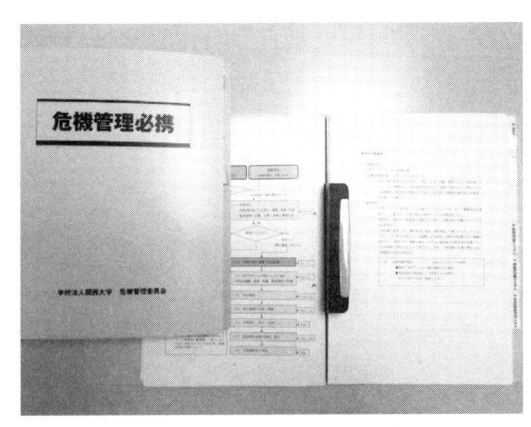　　　　　　　「危機管理基本マニュアル」

同様の内容を公開している。

2．専門人材の育成

　専門人材の育成・配置については，リスクマネジャーという職場の業務に依存しない危機管理の専門家を育成し，配置している。50歳定年として，約15名を任命している。危機発生時の対応では中心的な役割を担うことになっている。

　危機発生時に必要な知識と経験が豊富な人材を各部署に配置することで，臨機応変に対応することができるシステムを作り上げている。

事例3　宮城学院

　危機管理基本マニュアルは，大学，中学・高等学校，幼稚園など，全学院共通のマニュアルとして，防災コーディネーターが中心となってリスクを洗い出した上で，学校法人宮城学院危機管理規程に基づいて策定したものである。
　危機管理基本マニュアルの中で学生・生徒・園児および家族に知ってほしいことを抽出して，24時間受付けの緊急ダイヤルとともに，危機対応ガイドとしてホームページに掲載しているところに特徴がある。

1．危機管理基本マニュアル

　対象リスクは災害・事故（地震，風水害等，火災，爆発事故，施設・設備の安全管理に係わる事故，管理する物品等に起因する事故，教職員および学生生徒等に関する事故），事件（教職員および学生生徒等に関係する事件・不祥事等，コンプライアンス違反，不審者の侵入・不審物の発見・盗難等），健康危機（大規模な感染症，大規模な食中毒，集団健康被害），情報セキュリティ（個人情報・機密情報の漏えい・紛失，システム障害・ウイルス感染等），学院運営上の重大な危機，としている。
　平常時については，危機管理委員会の定期的な開催，危機管理責任者と危機管理者の設置について記載している。危機管理委員会の設置目的は学院全体にわたる危機管理の体制整備と基本方針の策定，危機の予測，分析である。委員長は学院長である。年間3～4回，不定期に開催している。危機管理責任者は学長，校長，園長，事務局長などが任命され，危機管理委員会の方針に基づき，所管部署の危機管理業務を行う。危機管理者は副学長，副校長，教頭などが任命され，危機管理責任者の指揮の下に所管部署の危機管理業務を行う。
　危機発生時については，3つのレベルに応じて対応体制を構築している。レベル1の場合は単一部局で対応が可能な危機であり，危機管理者が対応する。

同2の場合は複数部局で対応する必要がある危機であり，危機管理責任者が対応する。同3の場合は全学院的に対応する必要がある危機であり，学院長が対応する。

　対策本部体制は，法務・渉外・メディア対応班，学生・留学生対応班，生徒・留学生対応班，園児対応班，医療・救護対応班，財務施設対応班で構成される。

　対応事項については，危機情報の入手・連絡，責任部署の緊急対応（教職員の招集，緊急対応の体制，担当の指定），情報の収集・管理・発信，緊急時の広報（放送設備，学内掲示，通知文の郵送，メール配信システム，ホームページ，公式Facebook，マスメディア），報道機関への対応，危機収束時の対応（記録の整理，分析・評価，報告・周知）を記載している。

2．幼稚園の対応

　幼稚園については，地震・火災対応のほか，災害・事故発生時の緊急時連絡マニュアル，不審者対応マニュアル，感染症予防マニュアルなど，特有の対応が必要なことから，別途，マニュアルを策定している。その他，食物アレルギーへの対応，個人情報の取扱い（各種・広報への写真・氏名の掲載への対応）の対応にも力を入れている。

第2章

業務継続計画（BCP）
―地震，新型インフルエンザ対策―

　第2章は業務継続計画（BCP）である。地震対策については，安否確認，帰宅判断，保護者への引渡しなど，大学，幼稚園，小中高校別に解説する。新型インフルエンザについては，海外発生期，国内発生期など，発生段階別に学校が対応すべき事項を解説する。また地震や新型インフルエンザが発生したときのための業務継続計画（BCP）の策定方法を解説する。

1 大学における地震対策

　本節は大学における地震対策として，マニュアル策定のポイントについて解説する。地震対策をより効果的に行うためには，マニュアル策定といったソフト面での対策だけではなく，建物の耐震対策などのハード面での対策を組み合わせることがポイントである。

1．前提となる大震災時の被害想定を考える

(1) 震度分布

　最初に把握すべきことは，キャンパスで想定される大震災発生時の震度である。所在地における市町村のホームページにある「揺れやすさマップ」などの名称で掲載されている「ハザードマップ」を情報源にするとよい。また「地域防災計画」の活用もお勧めしたい。都道府県，市町村では必ず策定されており，自治体における災害対応マニュアルのようなものである。この計画の前半部分に，事前対策という位置づけで過去の地震災害や大震災時の想定震度が掲載されている。想定すべき震度をより広い地域で把握したい場合には，都道府県のホームページにも同様の情報が掲載されているので参照するとよい。

(2) 被害想定

　想定震度をもとに，次は被害想定を作成する。鉄道・バスなどの交通機関の運行状況，電気・通信などのインフラの状況，校舎や体育館などキャンパス内の建物の損壊状況，支援を求めてくる近隣住民の数などを想定する。複数拠点にキャンパスがある場合には，同時被災の可能性も検討しておく。

　参考までに大地震のケースでは，一般的に電力は約3日（送電経路が複

数あるため復旧は早い），水道は約1週間（配管の修繕が完了すれば使用可能），ガスは約1ヵ月（配管漏れの安全性が確認できるまで使用不可）が復旧の目途となる。

(3) その他の災害想定

本項では地震を中心に解説しているが，地震に伴い津波や液状化が発生するほか，大雨等の場合には洪水が発生することもある。大きな被害が想定される災害の場合，地震と同様に所在地における市町村のホームページの洪水，津波のハザードマップなどを確認しておくとよい。

2．対策本部が立ち上がるまで（発災直後）の対応

(1) 教職員の対応

発災直後は現場の教員が最初の対応を行わなければならない。まずは天井からの落下物に気をつける必要がある。学生に対して①机の下に隠れさせるか，かばんや衣類で身を守らせる，②大学（対策本部）からの指示があるまでは教室で待機させるの2点である。この2点はどの教員でもわかるように，教室に張り紙をしておくとよい。外国人教師のために日本語以外での表記もあるとよい。

地震が発生したらすぐに屋外に逃げるべきであると考える人も多い。しかし，落下物による怪我を防ぐ観点から，建物に耐震性が確保されている場合にはその場（教室など）での待機が原則である。なお，校舎の耐震性に疑問がある，火災発生の危険性がある，理工系の実験施設があるなどの場合は，安全を確認したのち，屋外に逃げる必要がある。ちなみに建物からガラスなどが飛散する範囲は建物高さの1/2が目安となる。屋外での避難経路検討の際には留意しなければならない。

(2) 自衛消防隊の対応

　学生の避難誘導，火災が発生したときの初期消火，怪我人の救援・救護は自衛消防隊（教職員で組織）が行うことになる。また対策本部が立ち上がったあとは，対策本部の指示に従うことになる。

3．対策本部の対応

　理事長や学長を本部長とする対策本部の役割は，収集した情報をもとに学生の避難誘導，帰宅判断，備蓄品の配布，近隣住民の受け入れなどを判断し，現場（通常は自衛消防隊）に指示を出すことである。

(1) 情報収集

　情報収集のポイントは，①情報収集源を確保する，②学外（近隣）の情報を収集する，③学内の情報を収集する，の３点である。情報収集源としては，電池式のラジオ，テレビ，携帯電話のワンセグ，カーラジオなどが有効である。また，安全確保を第一優先としつつ，現場（近隣，学内）に人を派遣して，直接，情報収集することも必要である。

(2) 安否確認

　地震発生直後の安否確認は，避難所などの現場対応のために確保可能なスタッフ数の把握や，必要な避難所のスペースや備蓄品の確保を行うため，概数のみの把握でもよい。

　一定時間経過後は，個人の安否確認は不可欠となる。保護者からの照会や授業再開のために必要となるからである。

(3) 帰宅判断

　帰宅するかどうかの判断は，基本的には学生の判断に委ねる。ただし大学として，電車やバスなどの交通機関は動いているのか，帰宅方面に大規

模な火災が発生していないかなど，安全に帰宅するための情報提供は行わなければならない。

　ちなみに1日に歩ける距離は約20kmである。時速4kmを前提にすると5時間かかる計算となる。日没（暗くなる）前に帰宅が完了するタイミングで，キャンパスから自宅まで何kmまでの帰宅が可能なのか，または学内に留まらせる方がよいのかを，対策本部は決定する必要がある。

　帰宅できない場合，キャンパス内に宿泊する必要がある。特に電気が使えない場合など，夜間の警備，男女を分けて宿泊させるなどの対応を行う必要がある。

(4) 近隣住民の受け入れ判断

　近隣住民の受け入れは，キャンパス内にどの程度の学生がいるか，引き受け可能な校舎や体育館はあるかどうかを念頭に判断する。

　自治体では避難場所と避難所を定めている。避難場所は一般的には広域避難場所，または一時避難場所といわれている。避難所は指定避難所または収容避難所ともいう。いずれも自治体によって名称は異なる。

　前者は災害などで地域全体が危険になったときに避難する場所であり，あくまで最終的に避難所に行く前の一時的な避難場所である。大学は広域避難場所に指定されている場合が多い。自治体との協定内容にもよるが，基本的には受け入れた近隣住民に対して備蓄品を提供する義務はない。また自治体から食料や水が提供されることもない。避難所は公民館や公立学校が指定されている場合が多く，当該自治体から食料や水などの備蓄品が提供される拠点となる。基本的には近隣住民のための避難所である。したがって住民ではない学生が避難所に行っても受け入れてもらえない可能性もあるので，注意が必要である。

　なお，駅周辺に一時滞在施設が設置されることもある。これは，帰宅困難者のための一時的な滞在施設である。

(5) 他キャンパスとの情報共有

　キャンパスが複数ある場合，大学としての統一的な対応体制をとる必要があるため，他キャンパスとの情報共有が必要である。しかし，地震発生時，一般的には通信網は使えない。このため，他キャンパスでも主体的に行動できるよう，基本的な対応方針（学生の帰宅判断，近隣住民の受け入れ判断など）をあらかじめ定めておき，決定権限を委譲しておくことが必要である。

(6) その他

　地震発生時の対応要員として学生ボランティアの活用も検討するとよい。ただし，活動中に学生が怪我をした場合には，その責任は大学側が負う必要があることを忘れてはならない。

4．建物の耐震化

　地震が発生したあとの屋内退避は，建物の耐震性が確保されている場合に限る。耐震状況が不明な場合には，耐震基準が改定された1981年以前か以降の建物かどうかを目安に確認しておくとよい。

　1981年以降に建築された建物は新耐震基準であり，地震が発生した場合には屋内退避が基本となる。

　1981年以前に建築された場合，耐震化工事を行っていない場合には，余震が収まり，安全を確認したのち，屋外に避難する必要がある。

5．備蓄の整備

　最低限必要な備蓄品は，水，食料，簡易トイレ，毛布の4つである。水，食料は3日分を人数分備蓄しておくとよい。ちなみに水は1人1日2〜3リットル必要である。トイレは1人1日の排泄量1.5リットルを目安に検討する。毛布は特に冬の場合，不可欠なものとなる。安価なアルミブラン

ケットや新聞紙などでも代用は可能である。
　学生がキャンパス内にいる最大値，2，3日目に帰宅する学生は何人いるのかを考慮して，備蓄数量を確保していくことが望ましい。

図表2-1　対策本部の対応

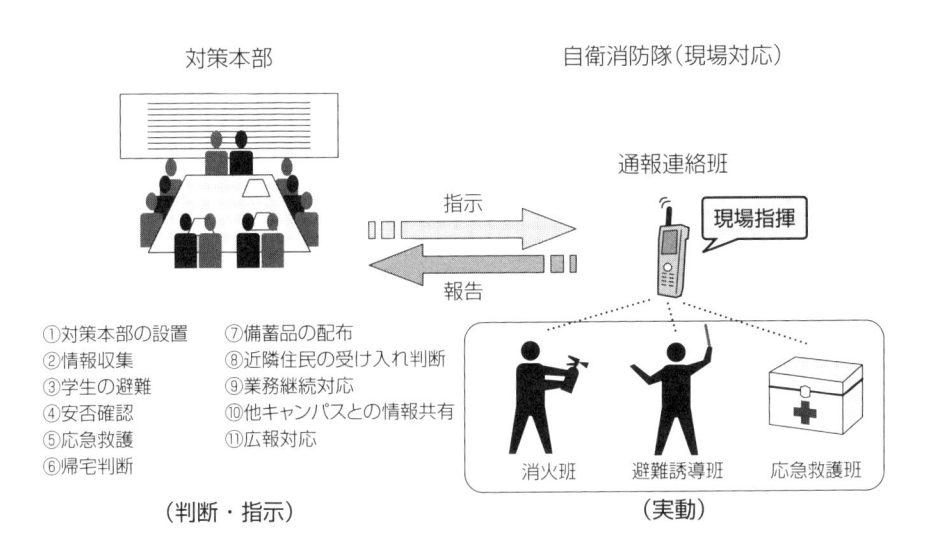

対策本部　　　　　　　　　　　自衛消防隊（現場対応）

　　　　　　　　　　　　　　　　　通報連絡班

　　　　　　　指示　　　　　　　現場指揮
　　　　　←　　→
　　　　　　　報告

①対策本部の設置　　⑦備蓄品の配布
②情報収集　　　　　⑧近隣住民の受け入れ判断
③学生の避難　　　　⑨業務継続対応
④安否確認　　　　　⑩他キャンパスとの情報共有
⑤応急救護　　　　　⑪広報対応
⑥帰宅判断

　　　　　　　　　　　　　　消火班　避難誘導班　応急救護班

（判断・指示）　　　　　　　　　　　（実動）

2 幼稚園，小中高校における地震対策

　本節は幼稚園，小中高校における地震対策について，大学における対策との違いである発災直後の対応，校外学習時に発災したときの対応，安否確認，障がいのある園児や生徒への対応，保護者への引渡し，心のケアを中心に解説する。その他の事項は，前節「大学における地震対策」を参考にするとよい。

1．発災直後の対応

(1) 幼稚園

　教職員は園児に対して，パニックを起こさせないよう，頭部の保護を第一に考える。「先生のそばにおいで」「しゃがんで」「頭を守って」「机の下にもぐって（机がある場合）」と的確な指示を出して，落下物やピアノなど倒れやすい物がない場所に集めることが必要となる。また不安を抱く園児に対しては，教職員がそばに寄り添って行動することも必要である。

幼稚園での訓練

(2) 小中高校

　体育館，校庭，プール，理科の実験室，家庭科室のほか，図書館，下駄箱に生徒がいる場合，特に注意が必要である。授業中や部活動指導中など，教職員の直接管理下にある場合には教職員による対処が可能であるが，休み時間や始業前，放課後などは，パニックや泣き叫ぶ生徒に配慮しつつ，教職員が分散して生徒の安全確保に努めなければならない。

　①体育館：照明や天井が落下するおそれがあるので，柱や壁際によって身を守る。または中央に集合し，体を低くする（体育館の構造によって対応が異なる）。
　②校庭：建物高さの1/2以上離れ，中央に集合させる。
　③プール：プールの縁に移動，揺れが収まったのちプールから出る。
　④理科の実験室：薬品の流出や火気使用に注意する。
　⑤家庭科室：火気使用，ガス爆発に注意する。
　⑥その他：図書館の書棚の転倒や収納書物の落下，下駄箱の転倒に注意する。

2．校外学習時に発災したときの対応

(1) 幼稚園

　まずは園児を塀や建物からなるべく遠ざけ，しゃがんで揺れが収まるのを待つ。その後，引率する教職員は，近隣の安全な場所で待機するか，安全が確認できるのであれば慎重に幼稚園に戻ることを，自ら判断しなければならない。幼稚園と連絡がとれる場合には，応援を求めるか，幼稚園の判断を仰ぐことになる。

(2) 小中高校

　①登下校

　登下校中の場合，学校に戻るのか，家に戻るのかなど，生徒は自らで判

断しなければならない。このような状況に備え，学校はあらかじめ場面ごとにどうするべきかを生徒に示しておくことが必要である。

遠隔地から通学する生徒が多い場合には，交通機関の停止状況に応じて，その場で待機するのか，学校や家に戻るのかなどを，家族と話し合わせることも必要である。

②社会科見学や遠足中

登下校時と同様，生徒は自らで判断しなければならない。このため，学校は地震発生時の集合場所や待機場所をあらかじめ決めておく必要がある。

環境が通常と異なるため，生徒は尋常ではない精神状態になる可能性もある。勝手な行動はしない，ということを徹底しておくことも必要である。

3．安否確認

担当の教職員が，自宅や避難所への直接訪問や近所の子どもからの情報収集によって安否情報を確認していくことになる。なお安否確認は一次確認，二次確認と行うことが望ましい。家族単位で避難所を移動することがあるためである。

4．障がいのある園児や生徒への対応

障がいの状況に応じて，パニックとなり恐怖感で思いがけない行動をとることや，強い不安がある場合に座り込んでしまうようなこともある。車椅子の場合には，迅速な避難が難しい状況もあり得る。

このような状況に備えて，教職員は，障がいのある園児や生徒の特徴と対処方法，またどこにいるのかを常に把握しておくことが必要である。

5．保護者への引渡し

大規模な地震が発生した場合には，園児や生徒は保護者に直接引き渡す

ことが原則となる。すなわち，引き渡すまでは幼稚園や学校で確実に保護しなければならない。留意点としては，①引渡し時，園児や生徒の様子を保護者に伝える，②待機場所を移動する場合には，移動先を入口などに明示する，③保護者なのか，親族なのか，迎えにくる人を確認する（園児の場合は誰が迎えにくるかをあらかじめ確認しておくことが望ましい），の3点である。

なお震度や被害状況によって，保護者に直接引き渡すのでなく，集団下校させる場合もある。図表2-2を参考にあらかじめ対応方針を定め，保護者と共有しておくことをお勧めしたい。

図表2-2　災害発生時の生徒の保護者への引渡し方針

保護者への引渡し（〜中学生。遠隔地の場合は高校生も対象）

➡ 帰宅させる（集団下校，保護者引渡し），学校で待機・宿泊させる
　・集団下校　　　　　：近隣・中学生以上
　　　　　　　　　　　　保護者が不在の場合は学校で待機
　・保護者への引渡し：近隣・小学生以下，遠方・高校生以下
　　　　　　　　　　　　場合によっては学校で宿泊
　　※帰宅後，1人にならないように注意する

➡ 保護者への連絡手段はあるか
　・保護者等に引き渡すか，集団下校させるか。対応方針を保護者に伝える

6．心のケア

災害の発生から2〜3日には抑うつや不安感など，精神的な症状が出やすい。1週間後には頭痛や腹痛，吐き気などの身体的な症状が現れてくる。また1ヵ月後には災害時の夢を繰り返しみる，地震に関係した事柄を避けるなど，心的外傷後ストレス障害（PTSD）がみられるようになる。この症状は数ヵ月後，災害が発生した日が近づくタイミングなど，繰り返し現

れることもある。

　年齢別にみると，園児は退行現象（赤ちゃん返り），小学生は退行現象や活発化・攻撃的・おとなしくなる・引きこもりなど，中学生は攻撃的・反抗的・抑うつ的・引きこもり・孤立化などの症状が多くみられる。高校生は大人とほぼ同じ症状であり，落ち着きがなくなる・躁状態・抑うつ的・引きこもりなどの症状が多くみられる。

　この場合，まずは周囲の保護者が精神的に安定することが必要ではあるが，大人にとっても災害は強いストレスであり，そのような状況を保つことが難しい。早めに医師やカウンセラーなどに受診することが必要である。

3 津波避難判決の警鐘

1．津波判決の警鐘

　東日本大震災の津波により，送迎バスで園児が亡くなった石巻市の私立幼稚園に対する訴訟で，仙台地裁は2013年9月の判決で，園側の管理責任を認め，1億7,700万円の支払いを命じた（2014年12月和解成立）。地震発生の15分後，大津波警報が出ていたにもかかわらず，園児を保護者に引き渡すため，園長は高台にある幼稚園から低地に向けてバスの発車を指示，この結果，バスが津波の被害に遭った。

　判決のポイントは，①園児の保護義務，②情報の収集義務，③マニュアル内容の周知徹底の3点であった。

　本節では，この津波避難判決の警鐘をテーマに，マニュアル内容の周知徹底の具体的な方法を紹介する。

2．園児の保護義務

　園児（3～6歳）は危険を予見，回避する能力が未発達であり，園長と教諭らを信頼して指導に従うほかに自らの生命，身体を守る手立てがない。

　本判決についていえば保護義務の対象は園児である。一般的には児童・生徒の年齢が低いほどその義務は強くなるが，年齢が高くても，学校は児童，生徒を保護者から預かっていることを忘れてはならない。

3．情報の収集義務

　市街地の大半は予想浸水区域外だったが，防災行政無線やラジオなどは大津波警報と高台への避難の呼びかけを行っており，津波の予見はできた。

　情報の収集は災害対応の基本である。情報がなければ正しい判断を行う

ことはできない。災害時には電気などのインフラが停止することも多い。このためテレビ（ワンセグ），ラジオ，インターネットなど，より多くの情報収集源を確保しておくとともに，防災行政無線（市から情報提供が行われる屋外スピーカー）がどこにあるのかも把握しておく必要がある。

4．マニュアル内容の周知徹底

　マニュアル内容は「高台にある幼稚園で園児を保護者に引き渡す」だった。情報収集を行っていれば，マニュアル通りに対応していたはずである。

　多くの学校では災害対応に関するマニュアルは作成されているものの，その内容が教職員に周知徹底されているとは言い難い状況にある。最低限，「災害発生時には何を重視するのか」だけでも徹底しておく必要がある。優先されるべきことは「児童，生徒の安全を最優先に判断する」ことであって，「児童，生徒を保護者に引き渡す」ことではない。なお，マニュアル内容を学内関係者に周知徹底するためには，研修，訓練を定期的に繰り返すしか方法はない。

4 マニュアル内容の周知徹底方法（訓練手法）

　マニュアル内容の周知徹底には座学研修，図上訓練（机上訓練，シミュレーショントレーニングともいう），実動訓練（避難訓練など）などがある。これらを組み合わせて，定期的に繰り返すことが重要である。

1．座学研修

　本書記載事項を参考に地震発生時にどうなるのか，マニュアルには何が記載されているのかなど，教職員への基礎知識の付与は不可欠である。実際の事例も交えると，研修参加者にとって，実際の対応時のイメージがわきやすくなる。

2．図上訓練

　仮想シナリオに基づいた状況が書かれたカード（状況付与カード）に対して，数名単位で参加者がその対応方法を机上で検討する訓練である。検討にあたってはマニュアルを参照しながら行うため，参加者に対するマニュアル内容の理解は進みやすい。以下は状況付与カードの例である。
- 電気，水道が停止中，多くの帰宅困難者がキャンパス内に入ってきました。一方で学内には多くの学生がすでにいます。どのように対応しますか。
- 1,500人の学生が家に帰れず，キャンパス内に留まっています。しかし備蓄食糧は500人分しかありません。どのように対応しますか。

3．実動訓練

　学生を実際に避難させる，無線機や消火器，消火栓などを使ってみるなど，実際に行動・体験することで，マニュアル内容の周知徹底を図る訓練

である。対策本部要員だけではなく，学生の防災に対する意識啓発にも繋げることができる。

4. 図上訓練＋実動訓練（自衛消防隊訓練，避難訓練）

対策本部要員を対象にした図上訓練に加えて，自衛消防隊がキャンパス内の教室などの被害状況を実際に確認しに行き，トランシーバー（なければ内線でも可）などを使用して，対策本部に状況を報告する訓練（自衛消防隊訓練）や，学生の避難訓練を同時に行い，現場の担当者が避難人数や避難状況を対策本部に報告する訓練を組み合わすと，より実践的な訓練となる。

自衛消防隊訓練を実施する場合，「壁に亀裂」「天井落下」「プロジェクタ落下」と書いた紙や「意識不明」「足を怪我して動けない」などの紙を貼ったダミー人形を教室や廊下などにあらかじめ配置する必要がある。対策本部で集計した数字と，実際に準備した数字が異なるケースが多く，また対策本部は各所から同時に情報が入るため対応が混乱するなど，情報の収集集約がいかに大変かを実感できる訓練となる。

5. 災害対応カードゲーム教材「クロスロード」

クロスロードは，災害対応を自らの問題として考え，またさまざまな意見や価値観を参加者同士共有することを目的としている。「クロスロード」とは，英語で「岐路」「別れ道」を意味している。災害が起こる前の備え，また起こってからの対応には，多くのジレンマを伴う重大な決断が含まれている。

トランプ大のカードを利用した手軽なグループゲームながら，参加者は，災害への備えや災害後に起こるさまざまな問題を自らの問題としてアクティブに考えることができ，かつ，自分とは異なる意見・価値観の存在に気付くことができる。

業務継続計画（BCP）—地震，新型インフルエンザ対策— 第2章

　ゲームは，問題カードとイエス／ノーのカード各1枚を使って行う。プレーヤーは1人ずつ順番に問題カードを読み上げる。カードが読み上げられるごとに，プレーヤー全員が，そのグループの他の人たちはどう考えるかを考え，イエスか，ノーか，多数派の意見を予測する。多いと思う方のカードを裏に向けて，自分の前に置く。全員が予測を終えたら，一斉にカードを表に向ける。多数派を予測して的中させたプレーヤーが，得点を表す座布団を手に入れることができる。問題カードを読み終わった時点で，最も多くの座布団を持っている人が「勝ち」となる。

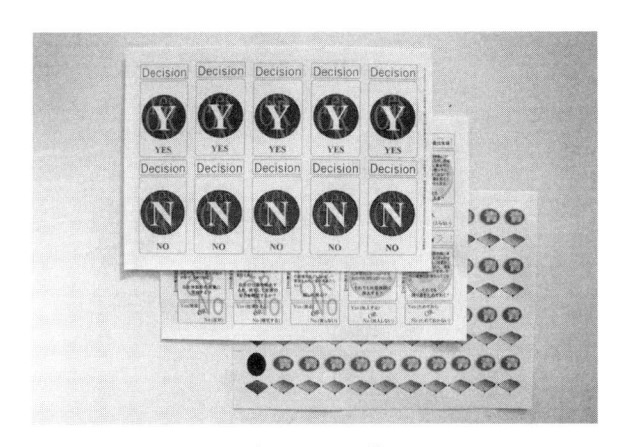

クロスロード
(出所)　吉川肇子・矢守克也・杉浦淳吉『クロスロード・ネクスト』ナカニシヤ出版, p.198, 2009年,から一部,抜粋。

41

5 新型インフルエンザへの対応

　鳥などの動物間だけで感染していたインフルエンザウイルスが，新たにヒトからヒトへと感染する能力を有するようになったものを「新型インフルエンザウイルス」という。ほとんどのヒトは免疫をもっていないため，感染が拡大しやすい。

　国の行動計画では，新型インフルエンザの発生段階を①未発生期，②海外発生期，③国内発生早期，④国内感染期，⑤小康期に分けている。

　①未発生期は動物からヒトへの感染が発生しているがヒトからヒトへの感染は発生していない状況，②海外発生期は海外でヒトからヒトへの感染が発生している状況，③国内発生早期は国内で限定的ながらヒトからヒトへの感染が発生している状況，④国内感染期は国内でヒトからヒトへの感染が拡大している状況，⑤小康期は感染拡大が終息している状況である。

1. 新型インフルエンザ対策

　学校におけるインフルエンザ対策を発生段階ごとに解説する。本項における段階ごとの学内対応の方針はあくまで目安である。各学校の方針に応じて検討を開始する段階を前後していただきたい。

(1) 未発生期

　主として対応すべきことは，新型インフルエンザ発生時の①対応態勢の構築と，②教職員や学生への意識啓発である。

　①対応態勢の構築における検討事項は，対策本部体制の構築（意思決定，代行順位，連絡体制，情報の伝達，安否確認，学校行事への対応方針など），業務継続計画（BCP）の検討（休校・閉校時に継続が必要な業務や研究の洗い出しなど），マスクや消毒液などの備蓄品の見直しなどである。

②意識啓発とは，個人については発熱や咳，咽頭痛などの諸症状が出た場合の登校・登学や就業の自粛を，ゼミ・研究室・部活動・クラブ・サークル・学生寮などにおいては同一集団における発症者数によって活動の自粛（一般的に1〜2名が目安）や休講・閉鎖（同，1割超）の必要があることを認識してもらうこと，状況を学校に連絡する必要があることなどを周知することである。

(2) 海外発生期

対策本部を設置し，海外における発生状況の情報を収集して，感染拡大防止に主眼を置いた学内の対応方針を検討して伝達する段階である。海外への渡航禁止などを検討する必要がある。

(3) 国内発生早期

対策本部は国内における発生状況の情報を収集して，感染拡大防止策を検討し，学内の対応方針として周知徹底する段階である。

検討すべき学内の対応方針は，海外発生期の対応に加えて学校行事や課外活動の中止，学会等への参加自粛要請などである。また，入学試験の延期が検討される場合に備え，入学志願者への連絡方法なども準備しておく必要がある。

(4) 国内感染期

対策本部の役割は感染拡大の防止と，感染者への支援を行うことが主となる。また，学内の感染者に関する情報も収集（発病後の治癒の情報も含む）しなければならない。

検討すべき学内の対応方針は，国内発生早期の対応に加えて休校・閉校の実施，入学試験の延期，継続すべき業務や研究の検討などである。

その他，一人暮らしの学生や教職員への支援，電話や電子メールによる

相談窓口の設置，保護者やマスコミへの対応，流言・誤情報への対処，学生の帰郷費用の支援や身分保障なども検討しなければならない。

(5) 小康期

発症者が減少してきた場合，対策本部は休校・閉校の解除を検討することになる。加えて学生や教職員のメンタルヘルス相談への対応も準備しておく必要がある。

2．具体的な対応策の留意点

(1) 学校行事，業務の実施の可否の判断

授業や試験，入学試験などは，国等からの特別な要請や大規模集会の自粛要請があった場合，また教職員が多数欠勤する場合，他大学で休講や試験の延期・中止が相次ぐ場合などが実施の判断の目安となる。

授業や試験は，休講による不足分の代替措置（在宅指導など），単位や学位を授与する方法などを検討しておきたい。また入学試験は，受験者に感染を拡大させないため，監督者に予防措置を徹底させるほか，監督者の同居家族に感染者が出た場合は業務に従事させないなど，慎重な対応が求められる。

研究（産学連携も含む）については，中止によって長年の研究成果が無になるかどうかなど，研究の重要性を考慮した上で，継続すべき活動の優先順位づけを行うとよい。

入学式や卒業式，学位授与式については，中止や延期の判断基準を設けるとともに，学外で行う場合は会場のキャンセル料が発生するかどうかを契約段階で検討しておくとよい。

事務組織については，管理者の代理責任者を定めること，感染者の急な不在にも業務に対応できるようしておくことが求められる。重要な業務については，システムや経理関係（特に支出）が一般的にあげられるが，地

震BCPの策定も含めて，一度，全学的な視点で洗い出しておくことをお勧めしたい。

(2) 学生の公欠，教職員の公休

　学生については，インフルエンザのような症状で自宅療養している，または家族の罹患によって授業や試験に出席できない場合もある。教育的な不利益がないような対応方法を学校は検討しておく必要がある。例えば「医師の診断書がなくても学校の健康管理センターの証明があれば欠席等の正当な理由とする」といった対応方法も検討しておくとよい。

　教職員については，保育所などの閉鎖により子どもが預けられない場合もあり，出勤に配慮することが必要である。

(3) 情報の伝達

　学生や教職員，取引業者などに学校の状況を漏れなく，迅速に伝えられるかがポイントである。ホームページでの告知，一斉メールの配信，掲示板や連絡網，電子メール，ファックスの活用など，複数の情報伝達手段を用意しておくことが求められる。なお，外国人の留学生や教員等への対応として，複数言語で情報を伝達することも忘れてはならない。

(4) 安否確認

　学生や教職員の安否確認は，基本的には緊急連絡網を用いて行うこととするが，迅速な把握のため安否確認システムの導入を検討した方がよい。

　インフルエンザを発症して学校に連絡できない場合も想定される。教職員が能動的に安否確認を行うよう意識しておくことが必要である。また，海外渡航者の安否確認については，現地で重症化するおそれもあるため，あらゆる手段で連絡がとれるよう準備しておくことが望ましい。

6 業務継続計画（BCP）の策定

1．業務継続計画（BCP）とは

　BCPとは，地震など大規模な事故・災害が発生したときに，できるだけ早期に業務を再開させるため，優先すべき業務や業務の実施手順などを定めたものである（図表2-3）。Business Continuity Planの略であり，学校や自治体の場合は業務継続計画，企業の場合は事業継続計画という。ちなみに地震発生直後から行う教職員・学生の安否確認や被害状況の確認などの一連の対応を初動対応といい，BCPとは区別している。

　一方，新型インフルエンザ（またはパンデミック）のBCPは，早急に行う必要のない業務から順に停止して，最終的に重要な業務のみを残して業務を継続するための計画であり，大規模な事故・災害のBCPとは逆のプロセスをたどるものである。

　本節では地震が発生した場合のBCPについて解説するが，考え方は新型インフルエンザにも準用することができる。

図表2-3　BCPの概念

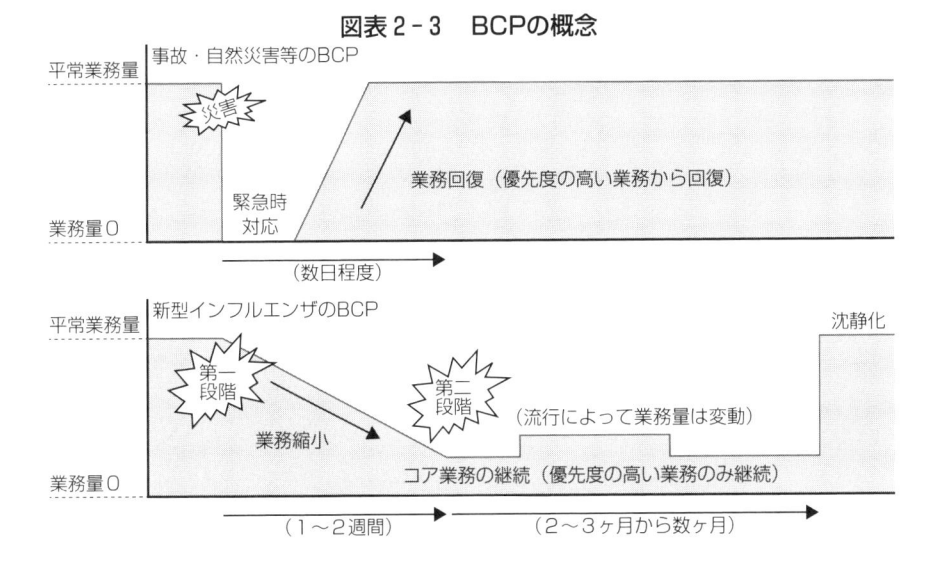

2．BCPの策定プロセス

(1) 災害の想定

　地震発生時に何名の職員を確保することができるのか，どの校舎を使用することができるのか，電気・水道・ガスなど社会インフラは何日程度の停止を見込むべきかを，最初に見極める必要がある。これらは，業務を継続するためのリソース（資源）という。

　職員の確保については，キャンパスを中心に徒歩での通勤が可能な20km圏内に居住している職員数をもとに推計する。校舎が使用可能か否かは，自治体のホームページで公開されている想定地震（想定震度）をもとに考える。社会インフラについては，電気は3日，水道は1週間，ガスは1ヵ月の停止を目安にするとよい。

(2) 優先業務の抽出（業務影響度分析）

　復旧を優先すべき通常業務（以下，「優先業務」という）を抽出するに

あたっては，確保できる職員数をもとに考える。職員数が半分しか確保できないのであれば，優先業務の数の目安は通常業務の半分となる。

　各々の優先業務について，12時間後，1日後，3日後，1週間後など，時間経過ごとの重要度（例えば1〜5段階）を評価するとともに，当該業務を行うにあたって必要なリソース（電気，通信，システムなど），連携が必要な他部門，委託業者を洗い出していく。これらの業務を一覧化するまでのプロセスが業務影響度分析となる。

　ここまでできればBCPの骨子部分は完成である。図表2−4の一覧表を時間経過に従ってみると（左からみると），重要度が高い業務（例えば4以上）から開始すればよい。一方，新型インフルエンザのBCPの場合には，この一覧表を右からみることで最初に停止すべき業務（重要度が低い業務），最後に残すべき業務を把握することができる。

(3) **実施手順の策定**

　次に各々の優先業務について，具体的な実施手順を定めなければならない。電気が使えない場合にはどうするか，校舎が使えない場合の代替拠点はどうするかなど，必要なリソースが使えない場合の代替手段を検討しながら，業務の実施手順を定めていく。

(4) **アクションプランの策定**

　最後に，策定したBCPが機能するように環境の整備を行わなければならない。例えば電気が必要なシステムの復旧目標を2日目と定めた場合，電気の回復が3日目と想定されるならば，1日分のズレを非常用発電機の導入などで埋める必要がある。またシステムの委託業者にも2日目の復旧に間に合うような態勢を構築してもらわなければならない。この環境整備ができて初めてBCPは完成することになる。

3．BCPの策定とBCMの重要性

　学校や大学の場合，夏季休暇などがクッションとなり，一般企業と比べると柔軟性のあるBCPを策定することができる。一方で入学試験など時期をずらすことが難しい業務もあるため，BCPの策定はきわめて重要である。

　また組織や業務は毎年変更され，職員にも異動がある。したがってBCPを策定したら，職員への周知徹底や訓練，定期的な見直し（この一連のプロセスをBCM：Business Continuity Managementという）も忘れてはならない。

図表2-4　業務影響度分析

業務名		特定時期の場合	期間ごとの影響度									必要な設備，インフラ	不可欠な部門，協力会社
			3時間	6時間	12時間	1日	2日	3日	5日	7日	10日	14日	1ヶ月		
授業	学部事務局		1	1	1	1	1	1	1	1	1	1	3		
定期試験	学部事務局	期末	1	1	1	1	1	1	1	1	1	1	3		
入学試験	入試部	2月	1	1	1	1	1	1	1	3	3	4	5	電気，ネットワーク	システム部
システム	システム部		1	1	1	3	3	5	5	5	5	5	5	電気，ネットワーク	保守会社
支払業務	経理部		1	1	1	1	1	5	5	5	5	5	5	電気，ネットワーク	システム部，銀行
請求業務	経理部		1	1	1	1	1	3	3	3	3	5	5		
決算対応	経理部	年度末	1	1	1	1	1	1	1	3	3	5	5	電気，ネットワーク	システム部
教職員への給与支払	人事部		1	1	1	1	1	1	1	3	3	4	5	電気，ネットワーク	システム部，銀行
事業計画の策定	学長室		1	1	1	1	1	1	1	1	1	1	1		
館内設備の維持・補修	管財部		1	1	1	1	1	3	3	3	5	5	5		協力会社
学生生活支援	学生部		1	1	1	1	1	3	3	4	4	5	5		
マスコミ対応	広報部		1	1	1	2	2	3	3	4	4	5	5		
ホームページ対応	広報部		1	1	1	3	3	3	3	4	4	5	5	電気，ネットワーク	システム部
図書館業務	図書館		1	1	1	1	1	1	1	1	1	2	2	電気，ネットワーク	システム部

事例1　関西大学

　地震リスクは同大学で最も取組みを強化しているリスクの1つである。地震発生時に多くの学生をいかに安全に誘導するかを課題に，地震対応マニュアル，BCP（業務継続計画）を作成した上で，定期的な訓練を通じて継続的な改善や周知徹底を図っている。

　理事長からトップダウンで動くシステムを構築した上で，場当たり的な対応がないようマニュアルを作成した上で，目的を明示した訓練を実施している。学生を含めて，全学が一体で動くシステムを継続的な取組みによって作り上げてきたところに特徴がある。

1．防災訓練

　防災訓練は「関大防災Day」として2007年度から毎年実施している。大学だけではなく，幼稚園，小学校，中学校，高校の教職員や学生，さらには近隣住民も訓練に参加している。

　訓練内容は，避難訓練のほか，安否確認訓練，炊き出し訓練，起震車による体験，備蓄食糧の試食，消火器，消火栓，避難器具の使用訓練などを行っている。消火器による消火訓練は実際の火を消す訓練であり，避難器具や消火栓の訓練はすべての希望者が行うことができるなど，より実践的な内容になっている。

　避難訓練は平日の授業実施中に行っている。教職員や学生が各々の役割を認識することができるとともに，訓練参加率も高めることができる。また発災（想定）から避難までの間には授業を担当する教員から学生に対して地震発生時の対応を啓発するプログラムを組み込むことで，より効果的な訓練になるように工夫している。

　安否確認はマークシート（安否確認シート）と安否確認メール（2004年度に導入）を併用して行う。安否確認シートは学内の避難場所で配布し，スキャナ

ーを使って対策本部で集計する。

　防災訓練にはキャンパスごとの特色も活かしている。自然災害・社会災害を教育研究のテーマとしている社会安全学部を設置する高槻ミューズキャンパスでは，訓練実施後に同学部の教員が初等部，中等部，高等部の生徒に講評を行っている。また小学生には「お・は・し・も・て（おさない，はしらない，しゃべらない，もどらない，低学年優先），が守れたか」，中学生・高校生・大学生には「キャンパスは地震に対してかなり強い構造になっているが，なぜ地震発生後にグラウンドに避難する必要があると思うか」など，訓練プログラムの構築にも寄与している。

「関大防災 Day」の避難訓練

2．災害対策本部による図上訓練

　災害対策本部が機能するよう，理事長，学長，学部長などが参加する図上訓練も定期的に行っている。

　意思決定，被害情報の収集・集約はもちろんのこと，避難訓練との連動（避難する学生をリアルタイムで本部で集計），MCA無線やテレビ電話を活用したキャンパス間の情報共有など，実動訓練とあわせた訓練を実施している。

災害本部による図上訓練

事例2　宮城学院

　東日本大震災での被災経験を踏まえて，幼稚園，中学・高校，大学が一体となって防災対応態勢を構築することで，法人全体の地震に対する対応力を強化している。

　地震発生時の対応マニュアルについて，法人全体の対応方針を策定した上で，大学，中学・高等学校，幼稚園など，設置校ごとに実情にあった実務マニュアルを作成している。この内容に基づいて全学的な訓練を実施することで，教職員や学生・生徒・園児への周知徹底を図っているところに特徴がある。

1．地震対応マニュアル

　マニュアル作成の力点を災害発生時の応急対応におくことで，学生・生徒・園児および教職員等の安全を確保することを目指している。

　災害発生時の対応体制は，危機レベル（震度）に応じて災害警戒態勢（震度5弱），災害警戒本部体制（震度5強），全学院緊急対策本部体制（震度6弱以上）をとることになっている。全学院緊急対策本部体制は，指揮調整，計画情報グループ，資源管理グループ，財務管理グループに分かれる本部事務局と，学生・留学生対応グループ，生徒・留学生対応グループ，園児対応グループ，医療・救護対応グループで分かれる実行グループで構成されている。

　幼稚園，中学・高校，大学の対策本部体制は，総括・連絡班，消火・物資班，避難誘導班，医療・救護グループで構成されている。

　対応事項については，避難（避難の検討，避難広報，避難誘導，避難確認），安否確認（メール配信システムの活用など），帰宅困難者への対応（待機場所の確保，情報の収集，人数の把握，食料等の提供，保護者や帰宅困難者への情報提供，段階的帰宅など），地域の避難者への対応（避難所スペースの確保，情報の収集，人数の把握，食料等の提供，行政との連携など）を記載している。

2．防災訓練

　防災訓練は年に1回，午前中の約2時間，幼稚園，中学・高校，大学のすべてが休校措置にした上で，全学的に実施している。参加者は約2,000人である。

　訓練項目は，①安全確保訓練（シェイクアウト訓練），②大規模避難・誘導訓練，③安否確認訓練，④応急救護訓練，⑤帰宅困難者対策・引渡し訓練，⑥減災広場（消防によるはしご車，ポンプ車，救急車，ヘリコプターの訓練，煙ハウスの体験，消火器訓練）への参加・見学，の6項目である。

　東日本大震災を経て，全学合同で，より現実的でかつ実践的な内容の訓練を行うことで，地震リスクへの対応力を高めている。

はしご車訓練

ヘリコプターの訓練

学生の避難訓練

3．宮城学院中学校・高等学校の地震防災マニュアル

　同校のマニュアルは，①礼拝から7校時授業終了時までの対応，②放課後の対応，③登下校中の対応，④家にいた時の対応，⑤その他・電話が通じない時の5項目で構成されている。

　①礼拝から7校時授業終了時までの対応について，普通教室にいた時，廊下にいた時，体育館にいた時ごとに，頭を保護する，壁に身を寄せるなど，地震発生時の対応方法を記載している。②放課後の対応について，地震の程度によって授業や部活動は中止，帰宅等の指示は対策本部で決めると記載している。③登下校中の対応について，登下校中，帰宅できないときは学校に戻ることを原則として記載している。④家にいた時の対応について，震度6弱以上の場合は登校しなくてもよいと記載している。⑤その他・電話が通じない時では，災害用伝言ダイヤル（171）の使い方を記載している。

　同様の内容を，ホームページや生徒手帳にも記載することで，生徒や保護者への周知徹底を図っている。

4．宮城学院女子大学附属幼稚園

　園児自らが地震発生時の対応体制をとることができるよう，年間8回の訓練を通じてステップを踏んだ防災教育を行っている。1回目（5月）は地震訓練であり，まずはベルの音に慣れることを目的としている。2回目（6月）は地震・火災訓練として，「お・か・し・も」についての周知を目的としている。3・4回目（7月）は保護者への引き渡し訓練を行っている。5回目は地震・火災訓練であり，避難所への避難訓練である。6回目（8月）は地震訓練であり，園庭で遊んでいるところで訓練を実施，とっさに頭を抑える体勢をとらせることを目的としている。7回目（11月）の不審者対応を挟み，8回目（1月）は地震・火災であり，再び避難訓練を行っている。地震発生時の対応を自然にとることができるよう，シンプルな内容で，繰り返し訓練を行うことで，園児の災害対

応力を強化している。

　マニュアルについても，緊急時連絡マニュアル，避難マニュアル，預かり保育避難マニュアル，園児および教職員の安否確認・安否情報発信の手順など，各々ワンペーパーで作成している。シンプルな作りにすることで，教職員への周知徹底を容易にしている。

園児の避難訓練

事例3　豊橋中央高等学校

　同校の地震リスクに対して重視している取組みは，指導・訓練の繰り返しによる生徒への周知徹底である。
　4月には事前指導と避難訓練を2日間にかけて実施，9月には愛知県主催のシェイクアウト訓練に参加，そして1月には震災（防災）学習会として映画鑑賞会を実施，延べ4日間にわたる研修プログラムを導入している。
　4月の訓練は研修と避難訓練を実施している。防災意識の向上および発災時の危機管理（命を守る）として，緊急時における迅速かつ冷静に避難する態度を身に付けさせ，安全な避難経路を確認させることが目的である。1日目は研修であり，「地震の恐ろしさ」「自分自身が命を守ることの必要性」「構内施設の状況を把握し，安全な場所に素早く移動する」を学ぶ。2日目は避難訓練であり，緊急地震放送を流し，教員による避難行動補助によって生徒をグラウンドに誘導する。
　9月の訓練は事前予告なしのシェイクアウト訓練と避難訓練を実施している。いつでも災害発生時には適切な行動がとれるようにすることが目的である。生徒に対する訓練実施後のアンケートでは，「パニックになった」「何が起こったのか把握できなかった」「すごく焦っているのに，体が固まって，なかなか動けない。先生の声でやっと机の下にもぐれた」「机の下にもぐった方がいいのか，教室の外に出た方がいいのか，一瞬わからなくなった」などの意見がでてくる。教職員は生徒がパニック状態になることを認識した上で，冷静に避難誘導するスキルを身に付ける必要があることがわかる。

事例4　京都産業大学すみれ幼稚園

　同園では地震発生時に園児の安全を最優先するため，①教職員の地震に対する知識と訓練がとっさの判断と的確な指示を生む，②教師のいない場面では園児自ら自分の生命は自分で守る避難行動ができるように日頃からゲーム感覚で身につけさせる，の2つを重視した取組みを行っている。

1．地震対応マニュアル

　東日本大震災では地震発生とともに教職員がとった判断と行動が，子ども達の明暗を分けた例が多々みられ，学校における防災マニュアルの多くが，画一的で現実性に欠け，十分に機能しなかったなどの多くの教訓を残した。この反省を踏まえて，2011年6月の京都府文教課通知「学校安全における防災に関する取組みの見直し」に従い，「すみれ幼稚園防火・防災管理規程」に沿って，「すみれ幼稚園　地震防災教育・マニュアル」を作成した。

　マニュアルは大きく分けると①防災管理の現状と地震被害の推定と②地震防災教育・マニュアルの2つで構成されている。

　①防災管理の現状と地震被害の推定では，園舎の耐震工事の状況，ガラス飛散防止対策，機器・備品類の固定状況，地震発生時の保育室や遊戯室，園庭，廊下などの状況などを記載している。まずは現状を把握してもらうことが目的である。

　②地震防災教育・マニュアルでは，災害発生時の安全確保，発災直後の行動，安全場所への誘導，園庭での確認のほか，送迎（園）バス運行中の対応フロー，保護者への園児引き渡しフロー，すみれ幼稚園災害対策本部の組織図と役割などを記載している。

　災害発生時の安全確保について，姿勢を低く飛ばされないようにする，頭を両手・座布団等で保護する，飛散・落下・転倒物がある可能性のある場所から

離れる，などを記載している。

　発災直後の行動について，的確な指示，出口確保，その場の負傷者の介護，安全場所への誘導については避難ルート・避難場所の安全確認，子どもを落ち着かせ安全誘導，園内各所の残留者確認，園庭での確認については園庭で園児の人数と安否確認，救出班による行方不明者の捜索・救出開始，園庭の安全状況，などを記載している。

2．防災訓練

　マニュアル内容を周知徹底することを目的に，身を守る訓練，揺れが収まってからの避難訓練を中心とした防災訓練を，園児の成長過程にあわせて，年間8回の訓練を実施することで，園児の災害対応力を強化している。

　5～6月は速やかに園庭に逃げることを目的に，火災の避難訓練を行っている。7月からは，地震発生時に頭を守る姿勢をダンゴ虫ポーズと名づけてそれを自らとれるようにすること，「お・は・し・も」を徹底することを目的に，地震発生時の対応訓練を行っている。10月からは園庭で，先生が傍にいない状況で自らダンゴ虫ポーズをとれるようになることを目的に，地震発生時の対応訓練を行っている。

ダンゴ虫ポーズ

主なリスク事例―災害・感染症

分類	学校	リスク事例
火災	小中高	・終業式の前日，体育館が全焼 ・給食の調理室で爆発。給食の臨時職員，児童ら死傷
	大学	・学生寮が火事，管理人重体 ・部活動の部室で火事，全焼 ・リネン室で出火。乾燥機が焼ける ・キャンパス内で不審火が続く ・研究室から煙，建物内の学生らが避難 ・研究室で火災。バクテリア培養の機器が加熱 ・研究室で未明に火事。学生2名軽傷 ・研究室の窒素ガスボンベ破裂 ・研究棟でタンク爆発。学生腰骨折 ・研究棟のガス混合過程で爆発。1人重傷 ・実験室で薬品から出火，院生が火傷
感染症	小中高	・265人が集団欠席。感染症の疑い ・学生の海外訪問団，エボラ出血熱拡大で姉妹都市への訪問を見合せ

第3章

学校の賠償責任

　第3章は学校の賠償責任である。学校として賠償責任を負う可能性のある事故について，法律的な解説とともに，施設内，スポーツ活動中，学園祭での事故など，予防策を中心に解説する。

1 学校の賠償責任

　学校は教育・研究活動を幅広く行っている。ゆえに，学校として賠償責任を負う可能性のある事件，事故の範囲も幅広い。本節は「学校の賠償責任」をテーマに解説する。

1．賠償責任の法的な構成

(1) 不法行為と債務不履行

　学校が負担する可能性のある民法に基づく賠償責任を大別すると，①不法行為と，②債務不履行の2つがある。（図表3-1参照）

　①不法行為

　不法行為とは，簡単にいうと故意や過失によって第三者に損害を発生させてしまった場合である。なお故意には2つの意味があり，結果への意思があった場合（確定的故意）と，そうなるだろうと思ったが何の対応も行わなかった（未必の故意）場合である。

　不法行為には一般不法行為と特殊不法行為の2種類がある。一般不法行為とは前述にあるような学校に故意，過失があるケースである。特殊不法行為とは，学校に故意や過失がなかったとしても，その立場を考えると賠償責任を負担すべきであると考えられる場合である。例えば，学校が設置したエレベーターで利用者が事故に遭う（工作物責任），業務中に職員が交通事故を起こして第三者にケガを負わせる（使用者責任），授業中の生徒（小学生）が他の生徒に危害を与える（責任無能力者監督責任）場合である。

②債務不履行

債務不履行とは，契約関係にある当事者間において債務者の責めに帰すべき事由により，本来の履行がなされない場合に，相当因果関係のある損害について賠償責任を負う場合である。学校は教職員に対しては安全な労働環境を提供する義務があり，学生に対しては安全な勉強や研究活動を行う環境を提供する義務があるが，学校側の怠慢により，そのような環境が損なわれた結果，教職員や学生に事故などが発生する場合である。

図表3-1　賠償責任の種類

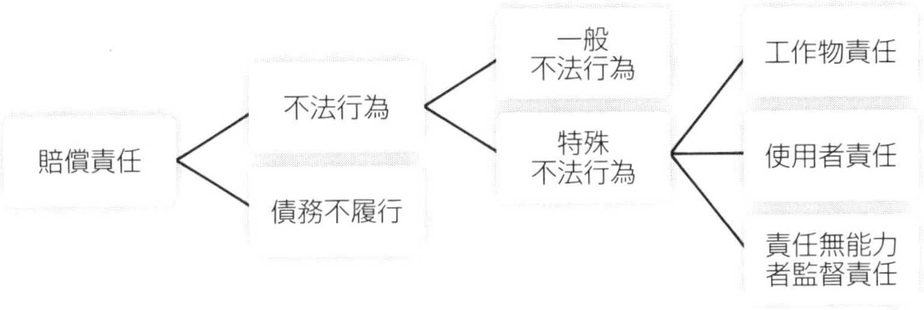

```
賠償責任 ─┬─ 不法行為 ─┬─ 一般不法行為 ─── 工作物責任
         │            └─ 特殊不法行為 ─┬─ 使用者責任
         │                            └─ 責任無能力者監督責任
         └─ 債務不履行
```

①不法行為（故意，過失で第3者に損害を与えた場合）
　・一般不法行為（故意，過失がある場合）
　・特殊不法行為（故意，過失はないが，賠償責任を負担すべきである場合）
②債務不履行（契約の不履行）

(2) 私立学校と国公立学校の違い

私立学校で教職員の故意，過失により事故が起きた場合には，上記民法が適用される。しかし国公立学校で起きた場合には，国家賠償法が適用され，教職員に代わり国または地方公共団体が損害賠償責任を負うことになる。したがって，国公立学校の教職員が一般的には個人で損害賠償責任を負うことは稀である。

2．損害賠償責任を負う可能性のあるリスク

　法律上の損害賠償責任を負う可能性のあるリスクとして，いくつかの事例を紹介する。なお事例はあくまで一般論であり，状況によって学校が法律上の賠償責任を負わないケースもある。また法律上の賠償責任を負わないケースでも，社会的な責任上，学校として誠意ある対応を行わなければならないこともある点には留意したい。

(1)　正課中の事故
　実験・実習中の事故，校外学習中の事故など，正課中の事故は指導教員の過失，学校の安全配慮義務違反，使用者責任などを理由に，学校が賠償責任を追及されるケースが多い。詳細は以降の節で解説する。

(2)　課外活動中の事故
　大学の場合，サークル活動などの課外活動は学生の自主的な活動に委ねられている。したがって，「漕艇愛好会の事故において，大学生の課外活動は自主性に委ねられるべき＝1996.2，福岡地裁」，「山岳部の事故において，危険回避は自己責任で大学側に安全配慮義務はない＝2001.10，名古屋地裁」，「ゴルフ部の練習中の熱中症による死亡について，大学の課外活動は学生の自主運営に委ねられており，安全配慮義務はない＝2001.3，京都地裁」など，大学の賠償責任が求められなかった判例も多く出ている。
　高校以下の場合，学校または教職員の管理下で行われているケースが多い。この場合には，基本的には学校側に賠償責任が生じる可能性が高い。

(3)　ハラスメント
　大学においてよくみられるケースである。教員と学生間のアカデミック・ハラスメント，職員間のパワー・ハラスメントなどが代表的である。どの

ような損害が生じたのか，学生や職員からの申し出により大学は迅速に対処したかによって，賠償責任の度合いが変わるケースが多い。

アルコール・ハラスメント（心理的に飲まざるを得ない圧力をかけた＝2011.6，神戸地裁での判例）など，ハラスメントの定義は多様化してきている。より丁寧に取り扱わなければならないリスクである。

3．賠償責任リスクへの対応

前述以外のリスク事例についても，不法行為については「懲戒処分を行った教授が，不当な処分で名誉を棄損されたと主張」「調査研究を依頼してきた事業体から，大学側の研究結果が間違っていたため事業に失敗したとの申立て」，債務不履行については「勤務によってシックハウス症候群を発症した」「残業が続く状態を放置したのは違法」など，教員や外部からの訴訟もあり，事例は多種多様化している。

大学側としては，①損害賠償責任を発生させるリスク事象を広く洗い出すこと，②責任の所在が不明なまま放置されることのないよう，リスク事象ごとに責任を負担する部門を明確化すること，がポイントとなる。

2 学校事故の実例と対策

　学校施設内で学生や生徒が怪我をした場合，教職員や学校は民事責任（損害賠償），さらには怪我の程度が大きかった場合には刑事責任が問われる可能性もある。本節では学校事故の実例と対策をテーマに解説する。

1．学校活動に起因する事故

　学校施設内で多くみられる学生や生徒の事故は，①部活動やクラブ活動中，②化学等の実験中，③学校行事中に多くみられる。以下，事故事例ごとにみていきたい。

(1)　部活動やクラブ活動中の事故

　陸上部の学生が投げた競技用の槍が高校生の頭部に刺さった（2012年），修学旅行中に，部活動の自主トレーニングである早朝ランニングを行っていたところ，交通事故で死亡（2013年），河川敷での化学実験中に2mの炎が上がり重傷（2012年）などの事例がある。部活動やクラブ活動においては顧問教諭の監視，監督が必要である。顧問教諭による監視，監督ができない場合には基礎練習にとどめるなどの指示が必要である。

　また，AEDや人工呼吸など，迅速な救命措置を行わなかったことで重大な結果に至る例もある。バレーボールの練習中にネットに引っかかり転倒，後頭部を床に強打して3日後に死亡（2013年），バドミントン部の練習中に特発性心室細動で倒れて死亡（2013年）などの事例があり，事故の発生をゼロにすることはできない。したがって，迅速な事後対応を行えるよう準備しておくことも重要である。

　屋外競技において，落雷には特に注意が必要である。サッカーの試合中に落雷事故に遭い，下半身麻痺などの後遺障害が残った（1996年），野球

の練習試合中に落雷で死亡（2014年）などの事例がある。雷鳴が聞こえたら屋外での活動を中止し，雷鳴が止んでも20分は活動を再開しない等の基本行動の徹底が必要である。詳しくは3節で解説する。

(2) **実験中の事故**

加熱した濃硫酸にエタノールを入れてエチレンガスを発生させる実験中に，薬品の入った試験管から液体が噴出，生徒3人が病院に搬送された（2014年）という事例がある。加熱をやめてエタノールを入れなければならないところを，加熱したまま入れてしまったという。

危険な実験を行う場合には，生徒全員が正しい手順を行えるよう，進捗の管理が重要である。

(3) **学校行事中の事故**

自然活動，文化祭，運動会などは非日常的な行事であるため，事故発生には特に注意しなければならない。

自然活動中の事故としては，崖や斜面が点在しているにもかかわらず，適切な場所に教員を配置していなかったため，生徒が山道コースを外れて滑落，死亡した事例（2011年）がある。また文化祭では，2日連続で複数の生徒が熱中症で病院に搬送された事例（2014年），運動会では，テントが突風で飛ばされ6人が怪我をした事例（2014年）がある。

いずれのケースでも，事前にあらゆる事故を想定した上で，十分な対応策を講じることが必要である。

2．施設に起因する事故

学校では，施設に起因する事故も多い。体育館の昇降用の穴から転落して骨折（1999年），生徒が天窓に乗ったところ割れて転落し死亡（2008年）などの事例がある。特に注意しなければならないポイントは，①転落，②

衝突，③転倒，④挟まれ事故，⑤落下物である。これらについては，誰もが危険だとわかる状況にしておくとともに，立ち入りできないようにしておくことが必要である。

　①転落：屋上，天窓，窓，ひさし，吹き抜け，バルコニーなど
　②衝突：大きな窓ガラス，面取りしていない柱，石や金属の露出など
　③転倒：水濡れ，床材の剥がれなど
　④挟まれ：扉・窓・戸袋等の隙間や開口部，防火扉や防火シャッターなど
　⑤落下物：屋根や外壁，電灯やテレビなどの設置物，棚の上の荷物，書棚など

　その他，階段の踊り場などへの荷物の放置，倒木，遊具の安全性の確認（構造，維持管理，配置，行動や服装への注意喚起）などにも注意が必要である。

学校の賠償責任　第3章

好事例

整理整頓された教室（写真左：中学校，写真右：幼稚園）

整理整頓された廊下（写真左：中学校，写真右：幼稚園）

手のドアの挟みこみ防止（幼稚園）

改善が必要な施設の事例

棚の上に多く積まれた荷物(幼稚園・職員施設) 　整理整頓されていない廊下（高等学校）

床材の剥がれ（中学校）

3．損害保険の重要性

　対策の1つに損害保険の付保がある。事故が発生した場合には，治療費や慰謝料等の損害賠償金の支払いが必要となる。少なくとも金銭的な補償については損害保険で賄えるよう，検討しておくとよい。なお損害保険をかける場合，いくらの支払いまでを保険で対応するのかの検討（保険金額の設定）も重要である。

4．事故発生時の法的責任

(1) 法的責任が問われる場合
　学校管理下において，教職員の注意義務（危険予見義務と危険回避義務），学校の安全配慮義務（予測できる危険を排除する，教職員に注意義務を守らせる）のいずれかが果たされていないのであれば，事故が発生した場合には学校や教職員の責任が問われる可能性がある。あらゆる危険を想定した上で，危険箇所は放置せずに対応することが重要である。

(2) 教職員個人の法的責任
　教職員個人の法的責任については，私立学校と国公立学校の場合で異なる。私立学校の場合，民法（第709条）が適用され，不法行為責任として教職員個人の責任が問われることになる。一方，国公立学校の場合には，国家賠償法が適用され，基本的には教職員個人が責任を問われることはない。

(3) 応急手当の法的責任
　応急手当による法的責任については，たとえ結果が悪かったとしても悪意や過失がなければ，手当の施行者が賠償責任や刑事責任を問われることはない（民法第698条の緊急事務管理，および刑法第37条の緊急避難）。
　一方で，自らが行うことが可能な応急手当を怠った場合には法的責任を問われることがある（民法第697条の管理者の管理義務，民法第700条の管理者の管理継続義務）。

3 スポーツ活動中の事故

　2014年8月，愛知県で野球の練習試合中だった高校生が落雷に遭い死亡する事故が発生した。当時，大雨で試合はいったん中断されたが，晴れ間がみえ雷の音が遠くなったことから試合は再開，その直後に雷が落ちた。事故当日，名古屋地方気象台より愛知県全域に雷注意報が発令されていたが，関係者は把握していなかった。

　落雷に関しては，1996年に高校生（当時）がサッカー大会中に落雷によって重い障がいを負い，主催者は損害賠償金として約5億円を支払った事例もある。

　本節ではスポーツ活動中のさまざまな重大な事故の発生を回避するためのポイントを，活動前と事故発生時の2つの観点から解説する。

　なお，「小さな怪我まですべて防がないといけない」わけではない。技能向上のためには必要なこともある。意識不明や死亡といった重大な事故を起こさないようにするのが主旨である。

1．スポーツ活動前の確認事項

　スポーツ指導者には，事故の発生を予測しなければならないという危険の予見義務と，予測した危険に対して顕在化しないように排除しなければならないという危険の回避義務が課せられている。両者とも義務となっているのがポイントであり，裁判等に至った場合には争点の1つとなる。

　具体的に確認すべき事項は，①施設・用具の管理，②健康管理・身体能力，③自然条件，の3つである。①施設・用具の管理については，施設・用具そのものに不具合がないかの確認と配置の確認である。②健康管理・身体能力については，児童・生徒の健康状態の確認である。③自然条件については，雷と熱中症，冬季の運動が注意すべき点となる。

以下，順にみていく。

(1) 施設・用具の管理（施設・用具そのものの確認）

施設・用具そのものについては，①破損・危険な突起物がないか，②倒れる危険性のあるものの固定，③緩み・腐食・水漏れ等，が確認すべきポイントである。

①破損・危険な突起物は，特に体育館において，板がめくれていないか，釘が出ていないか等の確認が必要である。2013年5月，大阪府の体育館において，バレーボールの練習中に選手がレシーブで床に飛び込んだ際に，床から剥がれていた木片が腹部に刺さるという事故があった。

②倒れる危険性のあるものの固定は，サッカーゴールやテニスの審判台に注意する。サッカーゴールについては，固定していなかったために，選手がぶら下がった際に倒れ下敷きになり死亡するという事例もある。

③緩み・腐食・水漏れ等の確認は，体操器具の確認や体育館の床の水漏れの確認等である。配管からの水漏れで体育館の床が濡れていたため，滑って頭を打つなどの事例もある。

(2) 施設・用具の管理（施設・用具の配置）

施設・用具の配置については，①活動人数の考慮，②安全な動線の確保，③良好な環境の確保への確認が必要である。

①活動人数の考慮は，監督者が児童・生徒の行動に常に注意を払える人数であるかの確認である。

②安全な動線の確保は，バスケットゴールの先に窓枠があるなど動線の先に危険なものがないかの確認である。

③良好な環境の確保は，体育館の場合は熱中症の関連で適切な空調が効いているか，屋外ではスポーツを行うための明るさが確保されているかの確認である。バドミントンや卓球など空調を使うべきではない競技の場合

には，指導者は熱中症への対策に細心の注意を払わなければならない。また屋外で行う野球の練習などでは，暗いとボールの捕球がうまくできず，事故に繋がるおそれもある。

卓球場

(3) **健康管理・身体能力**

　児童・生徒に無理をさせないことが基本となる。具体的には睡眠不足，不安定な心理状態の場合にはスポーツ活動を控えさせることである。また指導者は持病の把握も必要である。特に心疾患の場合には注意しなければならない。競技を行うためのスキルが十分かどうかも指導者は把握しておかなければならない。特にサッカーや柔道では能力差や習熟度が表れやすいため，ケガの発生も多くなる。

　なおスポーツ活動中に児童・生徒が頭を打った場合，軽微な事故であっても家族・保護者に必ず連絡しなければならない。影響が後で出てくるケースがあるためである。

(4) **自然条件**

　①雷，②熱中症への対応，③冬季の運動，の３点がポイントである。

　①雷は冒頭に触れたとおりで，雷鳴が鳴っているときは安全な場所にす

ぐ避難する，雷鳴が止んでも20分は落雷の危険性がある，の2点は指導者として知っていなければならない基本的な知識である。

②熱中症は，夏場でなくても発症する可能性はある。運動前や運動中に水分だけではなく塩分の適切な補給を行うとともに，適切な休憩によって体温を下げることが必要である。

③冬季の運動については，筋肉や心肺に負担をかけないよう，十分な準備運動を行う必要がある。

2．事故発生時の対応

事故が発生した場合の基本フローは図表3-2のとおりであり，最悪の事態を想定することがポイントである。

怪我人が発生している場合，まずは二次被害の防止・現場の封鎖・避難指示を行う。施設が崩れる，用具が倒れ下敷きになる，落雷でさらに怪我人が出るなど，事故現場付近に留まると二次被害が発生する可能性があるためである。

その後，怪我人の状況を判断し，最悪の事態を想定した上で，大出血や意識なし，呼吸困難・停止，心臓停止，脊椎損傷，病気の発作がみられる場合には（図表3-2の左），迷わず119番に連絡する。あわせて救急隊に引き継ぐまで，AEDや応急手当を行わなければならない。

それ以外の容態の場合（図表3-2の右），顔色・唇・皮膚の色，意識，呼吸，出血，腫れ・変形，嘔吐，手足を動かせるか等を確認した上で，応急手当を行い，病院に搬送する。

学校におけるスポーツ指導において，指導者が安全を確認するための時間が十分にない，児童・生徒の能力差がバラバラである，多くの児童・生徒を少数の指導者でみなければならないなど，事故防止を行うための課題は多い。しかし重大な事故の発生を防ぐためにも，指導者は施設・用具の

管理，健康管理・身体能力，自然条件の３つをしっかりと意識した対応を行う必要がある。

図表３-２　事故発生時の怪我人への対応フロー

```
┌─────────────────────┐
│   ケガ人，事故発生   │
└─────────────────────┘
           ↓
┌─────────────────────────────────┐
│ ２次被害の防止／現場の封鎖／避難指示 │
└─────────────────────────────────┘
     ↓                    ↓
┌──────────┐        ┌──────────┐
│直ちに119番│        │ 容態確認 │
└──────────┘        └──────────┘
(最悪を想定する！)

直ちに119番：
・大出血
・意識なし
・呼吸困難・停止
・心臓停止
・脊椎損傷
・病気の発作
・重度のやけど
・感電
・麻痺
・中毒
  ↓
AED／応急手当
→救急隊に引継ぎ

容態確認：
・顔色，唇，皮膚の色を確認
・意識の確認
・呼吸の確認
・出血の確認
・腫れ，変形の確認
・嘔吐
・手足を動かせるか
  ↓
応急手当
  ↓
病院に搬送＋付添い
（動かせない場合119番）
```

↓
家庭・責任者に連絡

（出所）　公益財団法人日本体育協会『スポーツリスクマネジメントの実践─スポーツ事故の防止と法的責任─』2015年。

3．指導者として必要なこと

指導者は，図表3-3，3-4のとおり，指導する競技の特性（事故の起こりやすさ），部位別の怪我の発生率を把握する必要がある。さらに応急手当やAED（自動体外式除細動器）の使用方法を学ぶ必要がある。

図表3-3　部位別のケガの発生率

事故率		H25	H25	H24	H23	H22	H21	H20	H19
傷害部位		件数	割合	割合	割合	割合	割合	割合	割合
頭部	頭部	4,046	0.04%	0.05%	0.04%	0.05%	0.04%	0.01%	0.02%
	頭部（目）	4,460	0.05%	0.05%	0.05%	0.05%	0.06%	0.02%	0.02%
	頭部（歯）	2,344	0.03%	0.03%	0.03%	0.03%	0.02%	0.02%	0.02%
	頭部（その他）	6,721	0.07%	0.07%	0.07%	0.08%	0.07%	0.04%	0.04%
頸部		2,614	0.03%	0.03%	0.03%	0.03%	0.03%	0.02%	0.02%
胸・腹・背部		5,666	0.06%	0.06%	0.06%	0.06%	0.06%	0.04%	0.04%
腹部		5,428	0.06%	0.06%	0.06%	0.06%	0.06%	0.04%	0.04%
上肢	肩・上腕	7,899	0.09%	0.09%	0.08%	0.08%	0.08%	0.07%	0.06%
	肘	5,613	0.06%	0.07%	0.06%	0.06%	0.06%	0.05%	0.05%
	前腕	3,457	0.04%	0.04%	0.04%	0.04%	0.03%	0.03%	0.03%
	手関節	10,362	0.11%	0.11%	0.11%	0.11%	0.11%	0.09%	0.08%
	手	3,934	0.04%	0.04%	0.04%	0.04%	0.03%	0.03%	0.03%
	手指	31,204	0.34%	0.35%	0.35%	0.37%	0.38%	0.28%	0.28%
下肢	大腿	4,688	0.05%	0.05%	0.05%	0.05%	0.05%	0.03%	0.03%
	膝	18,057	0.19%	0.20%	0.20%	0.20%	0.20%	0.16%	0.15%
	下腿	6,651	0.07%	0.08%	0.08%	0.08%	0.08%	0.06%	0.06%
	足関節	25,455	0.27%	0.29%	0.30%	0.30%	0.30%	0.23%	0.22%
	足	10,888	0.12%	0.11%	0.11%	0.10%	0.11%	0.08%	0.09%
	足指	5,421	0.06%	0.06%	0.06%	0.06%	0.06%	0.04%	0.04%
	下肢（その他）	3,368	0.04%	0.04%	0.04%	0.04%	0.04%	0.04%	0.04%
その他		2,630	0.03%	0.03%	0.03%	0.03%	0.02%	0.02%	0.02%
合計		170,906							

（出所）　公益財団法人スポーツ安全協会「スポーツ安全保険の加入者及び各種事故の統計データ」
　　　　（平成19〜25年版）2008〜2015年。

図表3-4　事故の発生しやすい競技種目

	種目	H25 事故件数	H25 事故率
1	アメリカンフットボール	524	8.87
2	ドッジボール	2,508	5.93
3	その他の球技	4,809	5.51
4	ラグビー	3,667	5.44
5	柔道	5,173	4.43
6	ホッケー	284	3.93
7	バスケットボール	17,148	3.80
8	レスリング	390	3.73
9	硬式野球	4,836	3.60
10	バレーボール	26,333	3.44
11	テニス	2,163	2.70
12	その他のウィンタースポーツ	58	2.67
13	相撲	170	2.64
14	ボクシング	349	2.60
15	自転車競技	269	2.59
16	サッカー	38,675	2.58
17	アイスホッケー	349	2.43
18	インディアカ	644	2.32
19	ハンドボール	642	2.30
20	バドミントン	4,510	2.29
21	その他の武道・格闘技	1,534	2.07
22	馬術	194	1.88
23	スケート	272	1.74
24	ソフトボール	7,033	1.60
25	軟式野球	14,094	1.55
26	指導活動・審判	1,304	1.54
27	学童保育	6,882	1.54
28	空手道	4,007	1.32
29	スキー	337	1.24
30	体操競技・新体操	2,821	1.22

（出所）　公益財団法人スポーツ安全協会「スポーツ安全保険の加入者及び各種事故の統計データ」
　　　　（平成25年版）2015年。

4 ハラスメント

　学校は，教員・職員・学生など多様なバックグラウンドをもつ多くの人間が，教育，研究の場でさまざまな関係を形成しており，ハラスメント発生の危険性が特に高いといえる。本節では「ハラスメント」をテーマに解説する。

1．ハラスメントとは

　ハラスメントとは優越的な地位を利用した「嫌がらせ」である。学業に関わる教員から学生へのアカデミック・ハラスメント，業務上または研究に関わるパワー・ハラスメント，好意的な行為の強要や性的な嫌がらせのセクシャル・ハラスメントが代表的である。最近では，アルコールを強要するアルコール・ハラスメントや，精神的な嫌がらせであるモラル・ハラスメントなども出てきている。人間の価値観が多様化してきており，ハラスメントは，その対応に細心の注意を払わなければならない重要なリスクの1つとなっている。

　相手の価値観を理解しない場合にハラスメントが発生するケースが多い。具体的には，①自らの価値観しかもたない場合，②相手の価値観を理解しない場合，である。

2．ハラスメントへの必要な対応態勢

　ハラスメントが発生した場合，学校には損害賠償請求等の経済的な影響のみならず，信用にも大きな影響が及ぶ。このため，規程やガイドラインの策定だけではなく，啓発冊子の作成，専用窓口の設置，専用ホームページの開設などによって対応態勢を強化している学校が増えている。

(1) 規程・ガイドラインの策定

　規程は，対応態勢の基礎となる最上位文書に位置づけられる。目的，用語の定義，責任者の責務，平常時の体制，解決の手続き，調査委員会の運営，プライバシーの保護等の項目が網羅された文書である。

　ガイドラインは，規程に基づく実務的な行動手順書である。理念・行動指針，ガイドラインを適用する対象者，管理対象とするハラスメントの定義，解決のフロー，啓発活動等が盛り込まれた文書である。規程とガイドラインの位置づけを混同している学校もあるので注意されたい。

(2) 啓発冊子の作成

　啓発冊子は，ハラスメントが起きないよう，また起きたときにはどうすればよいのかを学生や教職員向けにわかりやすく解説した冊子である。ハラスメントの定義，学校の対応体制，調査フロー，プライバシーの保護，対応窓口の案内のほか，「このようなケースがハラスメントです」というQ&A集を盛り込むとよい。被害者本人が知らず知らずのうちに精神的な被害を被るケースも多い。このような状況を避けるためにも，具体的な事例を示してハラスメントを周知することが必要である。なお，留学生が多い場合，外国語版の冊子も作っておいた方がよい。

(3) 専用窓口の設置，専用ホームページの開設

　学校の対応窓口として，電話，電子メール，ファックス，郵送による専用の照会窓口のほか，専門相談員に直接相談できる窓口を設置しているところが多い。その他，キャンパスが複数ある場合にはキャンパスごとに対応窓口を設置することや，学外の相談窓口を設けることも望ましい。

　学外に専用ホームページを設けている学校も増えてきている。規程やガイドラインの内容を容易に閲覧できるようにするほか，ハラスメントの基礎知識，調査フローの詳細，照会窓口など，関連するすべての情報を集約

するとよい。事務局によるハラスメント研修メニューの紹介や定期的な情報発信を行っているところもある。

3．ハラスメントへの対応における問題点

規程類の策定や啓発冊子の作成，相談窓口を設置している学校が増えているにもかかわらず，新聞紙上ではハラスメントに関する記事が絶えることはない。その問題は以下の3点にあると考える。

(1) 一部の教員に権限が集中している

就職，昇任，指導など，一部の教員に権限が集中して，その教員の一存で多くの事柄が決定するケースもある。これがハラスメントの根本要因の1つとなっている。昇任などの明確なルールを定め，他教員からの牽制機能が働く仕組みを構築することが必要である。

(2) 加害者への明確な罰則規定がない

公開されている学校の規程やガイドラインの多くは，加害者への明確な罰則ルールが定められていない。被害者がハラスメントとして訴えたとしても，加害者への十分な罰則が認められなかった場合，訴えた被害者は立場がなくなってしまう。これらへの対応として明確な罰則ルールを定めることが必要である。加えて，加害者や被害者の匿名性の確保やハラスメント委員への守秘義務の徹底も忘れてはならない。

(3) 学内関係者を中心とした相談体制

相談員には守秘義務が課せられている。しかし，相談者にとって，相談員が学内関係者である場合，その情報が漏れないか，公正な判断はできるのか，不安が大きいのは容易に想像できる。このため，学外の相談窓口を設ける，学外者の相談員を置くなどの工夫も必要である。

学内関係者の相談員を配置する場合，守秘義務や公正な判断を行う以前に，相談員のスキルを高めることも必要である。相談員向けの研修会の実施や対応マニュアルを作成して，ホームページで公開している学校もある。適宜，参考にするとよい。

4．相談員の心構え

　ハラスメントの被害にあったとき，その対応は①消極的な対応と②積極的な対応の2つに分かれる。

　①消極的な対応の場合，被害者は「気にしない」「我慢する」「接触を断つ」という対応をとるが，当然ながら根本的に解決するわけではない。

　②積極的な対応の場合，被害者は「止めてください」「セクハラです」と拒否するものの，加害者は「冗談にする」か「非難する」という対応をとる人も多く，この場合も，根本的に解決するケースは少ない。

　以上を背景に，被害者が相談してくるケースは，ハラスメントが複数回にわたって行われ，かなり深刻なケースになっている場合が多い。相談員はこの状況を念頭に置いた対応を心がける必要がある。

5．公正な判断が求められるハラスメント委員会

　加害者に対して，ハラスメント委員会で懲戒処分を決定したのち，その加害者から「そのような事実はない」「双方，合意の上でのこと」という理由で，逆に委員会の責任者や学校が訴えられるケースもある。ハラスメントは閉鎖された空間，関係で行われることが多く，また処分決定の過程においては匿名で議論せざるを得ないケースもある。このため，委員会のメンバーや学校関係者は，事実関係はどうなっているのか，被害者が望む加害者への対応とは何かを念頭に置いた上で，公正な判断を下さなければならない立場にあることを十分に認識すべきである。

5 学園祭のリスク管理

　学園祭は非日常的なイベントであるため，運営する関係者は慣れていない環境と体制の中で対応しなければならない。さまざまな人々が関与するプログラムでは関係者すべての価値観と認識を同じく保つことは難しく，些細な認識の違いや常識のズレが思わぬトラブルに発展する可能性がある。本節では学園祭開催に伴うリスクについて解説する。

1．食中毒リスク

　最も注意しなければならないのが模擬店での飲食提供による食中毒である。2009年6月には愛知県の大学で模擬店のクレープを食べた学生ら77人（うち4人は重症で入院）が，下痢や嘔吐などの食中毒症状を訴えた。原因は黄色ブドウ球菌であり，前日の夜から生地を作り置きしていたためである。中学・高校においても2012年9月，岐阜県の私立中学・高校での学園祭で257人が下痢や腹痛などを発症している。原因食品は特定できなかったが，鶏肉などを調理した後，手洗いが不十分だったために被害が拡大したとみられている。

　模擬店での食中毒への対応については，京都市が2011年3月に作成した「学祭衛生管理マニュアル」が参考になる。学生の意見を踏まえて作成されており，市のホームページでも公開されているので，大学関係者や学園祭の実行委員による積極的な活用をお勧めする。ポイントは以下のとおりである。

(1) 調理従事者の対応

　①手洗いしないのは危険，②会計係と調理係を同一の者が行うのは危険，③素手で食材に触れるのは危険，④体調不良での調理は危険，⑤伸びた爪，

下ろした髪の毛，手の傷は危険，⑥共用タオル・マイハンカチは危険，をあげている。

(2) **会場や店舗での注意点**

①ホコリまみれな場所は危険，②狭いスペースでの調理は危険，③水が不衛生だと危険，をあげている。

(3) **食材の注意点**

①食材を常温で放置するのは危険，②期限管理をしっかり行うこと，をあげている。その他，野菜，果物，魚介類，牛肉，豚肉，鶏肉，卵，牛乳・生クリームの取扱い上の注意点を記載している。

(4) **製造工程，器具，設備の注意点**

①家や下宿での調理は危険，②下処理場の共用は危険，③肉と野菜で器具を共用するのは危険，④作り置きは危険，⑤食器は衛生的に管理すること，をあげている。

(5) **その他，異物混入**

①土ほこり，ごみ，②髪の毛，つば，汗，③タバコの灰，④輪ゴム，クリップ，ホッチキスの芯など，⑤ペットの毛，⑥小バエやゴキブリなどの昆虫，⑦毒物，の混入に注意すべきであると記載している。

2．飲酒に関するリスク

食中毒に次いで重要なリスクが飲酒問題である。1996年5月，愛知県の大学において学園祭の打ち上げで一気飲みさせられた学生が死亡した。現場にいた学生らは傷害致死罪などで刑事告発された（不起訴）。初めての一気飲みによる刑事告発である。2010年11月にも京都府の大学の学園祭打

ち上げで学生が死亡しており，飲酒による事故はなくなっていない。

限られた地域での調査ではあるが，2014年5月，北海道新聞が行った道内40校の4年制大学に対する聞き取り調査によると，学園祭期間中に禁酒している学校は30校という結果がある。このように最近の学園祭では飲酒を禁止する大学が増えてきている。

飲酒禁止を行っていない大学においても，酒類パスの発行（年齢確認後にパスを発行，購入できる回数を制限），上限3杯のチケット配布，成人へのリストバンドの配布，限定されたエリアでの飲酒など，何らかの飲酒提供の制限を行っている大学は多い。

3．リスクチェック項目

学園祭のリスク運営について，以下のチェック項目を参考にするとよい。

(1) **全体の体制**
①スケジュールは無理なく組まれているか。
②会場の立地は安全に配慮されているか。
③責任者，指揮命令系統など，安全管理体制を整え明確化しているか。
④危機発生時（地震，火災，食中毒，不審者侵入等）の避難経路，避難場所，緊急連絡先，緊急車両の進入口の確保を準備しているか。
⑤ポスター，パンフレットの権利関係は調査済みか。
⑥学園祭の中止基準を定めているか（天候，地震，事故等）。
⑦保険の手配は十分か（構内での来場者の事故，食中毒，借用物の破損，スタッフのケガ等）。

(2) **許認可手続き（模擬店を行う場合）**
①保健所への届出を行っているか。
②火気器具等を使用する場合，消防機関への届け出を行っているか*。

(3) 会場施設・設備
①機材，展示品の輸送体制，夜間の警備体制は十分か。
②展示品の落下の可能性はあるか。
③会場内一斉放送の設備はあるか。
④会場施設，施工物の強度，安全性は十分か（仮設物の有無，老朽施設の有無，危険箇所，テントなど）。
⑤遺失物，拾得物の管理施設・体制はあるか。
⑥救護施設，スタッフは確保されているか。
⑦環境対策（ゴミの分別，騒音，光害）は行われているか。

(4) 招待者
①招待者と一般客との分離はできているか。
②施設，私物管理，セキュリティ（入退室パス等）は行われているか。

(5) 来場者
①会場内の導線は確保されているか（スムーズな入退場，ゲストと一般客用の出入口）。
②駐車場の確保，車の誘導体制はできているか（事故・違法駐車対策）。
③会場内の案内体制はできているか。
④雑踏対策はできているか（5人/㎡で流れが停滞，10人/㎡で悲鳴・群集災害が発生）。

　学園祭が安全に運営され，大きな事故がないことも成功の重要な要素の1つである。リスクに対する備えを万全にしておくことで関係者全員が適切な行動をとることが可能となり，被害拡大の防止にも繋がるのである。

＊「消防法施行令の一部を改正する政令」（2013年12月）の公布を受けて，関連する市火災予防条例を改正，施行している自治体が対象。2013年8月の京都府福知山市での花火大会事故を契機に改正が進んでいる。

主なリスク事例―学校事故・ハラスメント

分類	学校	リスク事例
学校活動中の事故	小学校	・水泳授業で生徒がプールに沈み死亡。教員は気付かなかった ・運動会でテントが突風で飛ぶ。児童6人軽傷 ・黒板を拭いているときに児童が落下，打撲
	中学校	・自然体験活動中に生徒が滑落死。校長，教諭を書類送検 ・生徒，校舎4階から転落，重体 ・体育祭の10段ピラミッドの組体操が崩れ，生徒が骨折 ・校外学習の宿泊先風呂で中学生2人が火傷。風呂釜の故障で湯温が80℃ ・エレベータを降りる際，もっていた紐が扉に絡まり，指に巻きつき切断
	高校	・化学実験中に炎，高校生4人火傷 ・実習中の船から生徒が転落 ・体育祭の騎馬戦で生徒が落下。首の骨を折り車いす生活となる。損害賠償金2.0億円 ・化学の発火実験中に燃え上がり，生徒が火傷の重傷 ・沖縄への修学旅行中に生徒の列に車が突っ込む。1人重体
	大学	・実験中に白煙。学生ら13名が入院 ・実験廃液処理中硫化水素発生，2,000人避難 ・実験室で実験中に爆発。大学院生3名火傷 ・スキー授業の合宿中に雪崩，学生が死亡
部活動，サークル活動中の事故	大学	・グライダー大会で学生2人死亡 ・航空部のグライダーが墜落。1名死亡 ・野球部の合宿中，部員が交通事故で死亡 ・陸上部，槍投げの槍が見学中の高校生の頭に刺さる ・吹奏楽部の合宿で湖に飛込み，学生2人が死亡 ・水泳部，大会の打上げで部員死亡 ・柔道部で，4年部員が1年部員を平手打ち。鼓膜破れる
熱中症	中学校	・持久走で生徒16人が熱中症で搬送
	高校	・剣道部の部活動中，熱中症。救急車を呼び遅れ死亡。損害賠償金4,656万円 ・テニス部の部活動中に熱中症，重い意識障害が残る。損害賠償金2.3億円 ・学園祭で熱中症。生徒27人搬送
移動中の事故	高校	・部活動での移動中，車が高速道路で横転，8人重軽傷 ・遠征バスが事故 ・サッカー部員ら46人が乗った貸切りバスから出火

スポーツ活動中の事故	中学校	・野球部のバッティング練習中，打球が目に当たる。損害賠償金1,950万円 ・柔道部で，生徒，技かけられ頭首打ち死亡
	高校	・バドミントン部での活動中，倒れてケイレン，死亡。AED等の対応の遅れで損害賠償金4,300万円 ・野球部員が練習試合中に落雷に打たれ，死亡 ・野球部の練習中，コーチが外野に向けて打った球が，セカンドを守っていた部員に直撃。頭部骨折，意識不明の重体
ハラスメント	大学	・教員のセクハラで，学生が1,000万円の損害賠償を請求 ・教員，研究室で学生と口論して殴る ・教員，学生に12年間暴言 ・教員の配慮を欠いた指導のため学生が自殺 ・教員，米国見学旅行中にセクハラ ・職員，合宿行事で学生にセクハラ ・ゼミの教員の圧力を感じて，学生が教員を切り付ける ・教員，図書館でアルバイトする学生に暴言，土下座を強要 ・教員，女性職員へのメールにハートマークを付けて戒告処分 ・教員，受験希望者にハラスメント行為 ・教員，実習指導・学会運営に関して助教に感情的に叱るパワハラ行為 ・教員，セクハラで処分前に自主退学。大学は処分できず ・教員，セクハラが認定されたため自殺
学園祭	大学	・学園祭で販売のジャムにカビ。加熱不十分

第4章

情報セキュリティ対策

　第4章は情報セキュリティである。情報の取得・作成，保管，利用・持出しなど，情報のライフサイクル別の対応策の基本を解説する。またSNS利用におけるトラブル事例のほか，その特性，対応策を解説する。

1 情報漏えい対策

　学生情報の入った教員個人のパソコン盗難，職員による学生情報の入ったUSBメモリの紛失などが相次いでいる。本節では「情報漏えい対策」をテーマに解説する。

1．学校特有の情報漏えいの事例

　よくある事例が教員による個人パソコン利用による情報漏えいである。多くみられるケースは，学生情報が入ったパソコンの紛失や盗難である。またパソコンの設定ミスで外部から閲覧可能な状態となって，学生情報が漏えいするケースもあった。

　また学生によって個人情報が盗難されるケースもある。学内のシステムに不正アクセスして成績情報を盗むケース，教員が机上に放置した成績情報をスマホ等で撮影し拡散するケースもあった。

2．ライフサイクル別の対応策が情報管理の基本

　情報管理は，①取得・作成，②保管，③利用・持出し，④伝達・受渡し，⑤廃棄と，情報のライフサイクル別にルールを整え，周知徹底することが基本となる。また，データと書類を分けて考える必要もある。

(1) 情報の取得・作成

　情報を作成する場合，作成者および当該文書の責任者は機密度ランクを判断・設定する必要がある。機密度は，公開，非公開（職員以外は非公開），秘密（関連部のみ），極秘（関係者のみ）などと設定するとよい。あわせて機密度に応じて，ファイルの場合には暗号化をしておく。外部から情報を取得する場合には，相手先に機密度を確認する。

個人情報を取得する場合は，利用目的を明確に説明するとともに，取得は利用目的の達成に必要な最小限の項目とするようにする。なお情報資産を洗い出し，どこに，何があるかを常に把握することも忘れてはならない。

(2) 情報の保管

　基本は，情報のバックアップを行うこと，アクセス制限のかかった場所に保管することである。

　データについては，情報をパソコンなどの端末やUSBやCDなどの外部記憶媒体に記録する場合にはパスワードをかける。また外部記憶媒体は机上に放置せず，施錠可能な机やキャビネットに保管する。

　書類については，キャビネットに施錠管理する。また机上にも放置しない。なお誤廃棄防止のため，情報が記載された書類は，段ボール箱に入れて床に置かないことである。

(3) 情報の利用・持ち出し

　利用について，情報取得の経緯やルートがわからない情報は利用しないことを原則とする。その上でデータについては，コピーやダウンロードを行う場合には，情報漏えいの抑止や情報漏えい時に記録を確認できるように，当該情報の責任者の承認を必ず得るとよい。一方で書類については，情報が書かれた紙の裏面はメモ用紙として使わない。

　持出しについて，必ず事前に責任者の承認を得て，持ち出し管理台帳に記録する。これも情報漏えい時に記録を確認できるようにするためである。またデータ，書類ともに，持ち歩き時には常に携帯し，自宅への持ち帰りを原則，禁止する。なおデータについてはファイルへのパスワードの付与も忘れてはならない。仮に落とした場合でも内容の漏えいは避けられるためである。

(4) 情報の伝達，受渡し

　情報の受渡し時には，先方の利用目的を確認し，その範囲を超えて利用せず，受け渡す情報は必要最低限とする。また情報の受け渡しには，事実を送り手，受け手双方で記録する。なお個人情報は同意を得ているとき以外は渡さない。また情報を第三者に受渡す場合は，秘密保持契約締結を行う必要がある。

　電子メールで情報を送信する場合，ファイルを添付する場合にはファイルにパスワードをかけるとよい。情報の利用・持ち出しと同様，誤送信した場合でも内容の漏えいは避けられるためである。

(5) 情報の廃棄

　公開以外の情報は，業務上不要になった，または保管期間を超えた場合，速やかに廃棄する。必要以上の情報をもたないことで情報漏えいのリスクを低減するためである。

　データについては，不要な情報は消去する。外部記憶媒体に保管された情報は，データを消去した上で，媒体自体を破砕する。また情報が保管された機器（サーバ，端末）を廃棄したり，リース先に返却したりする場合は，責任者の指示のもと，適切な対応を行う。書類については，不要な場合には，必ずシュレッダー処理または焼却処理を行う。

　なお退職者の情報管理にも留意する必要がある。

3．適正な取扱いが求められる個人情報

　情報の中でも個人情報は，前項に示した取得・作成から廃棄に至るまで，特にルールを厳格に定めて徹底する必要がある。以下，ポイントを示す。

(1) 個人情報保護委員会

　平常時の個人情報の取扱いに関する適正な管理・運営を行うため，個人

情報保護に関する委員会(以下,委員会)について規程に定めておく。

　ポイントはリスク管理委員会との連動である。個人情報の取扱いを大学・学校を取り巻くリスクの1つと捉え,全学的なリスク管理対応態勢の枠組みで運営すべきである。

(2) 要注意情報の取得

　個人情報を取得・作成する際は,特に要注意情報の収集について留意が必要である。要注意情報とは信条,思想,病歴などの情報であり,趣味,嗜好,特技,学歴,成績などのプライバシー情報より一段と高い秘匿性を必要とする。当該情報が漏えいした場合,本人への精神的な苦痛はきわめて大きい。これらの情報については,閲覧やデータの制限など,別途,より厳密な取扱いを定める必要がある。

(3) 第三者への提供

　基本的には本人の同意なしに学外関係者に個人情報を提供してはならない。ただし,本人の生命等の安全確保など緊急の措置を要する場合など,本人が同意できない状況もある。具体的な例示をもって,第三者にどの場合,どの範囲で情報提供ができるのか,規程に記しておくとよい。

　なお,卒業生や学生の父母等で組織する同窓会や保護者会などの団体への提供については,委員会承認のもと必要な範囲で提供できるようにしておくなど,別途検討しておくとよい。

(4) 業務の委託

　個人情報の取扱いを外部に委託するケースもある。この場合,委託元の学校と同レベルの個人情報の管理を委託先にも要求するほか,委託先の実地検査や,書面の提出などのモニタリングができるようにしておくとよい。漏えい事故が起きた場合,委託元の学校にも一定の責任が生じるためであ

る。なお，委託先からの再委託の制限も忘れてはならない。

(5) **情報の開示請求**

学生本人からの開示請求に基づき，個人情報を提供できるようにしておく項目も必要である。ただし，個人の評価，指導，相談等に関する情報など，本人に開示すべきではない情報もある。具体的な例示を規程に記しておくとよい。

(6) **懲戒に関する規程**

当該規程に違反して教職員が個人情報の漏えい事故を起こした場合に備え，罰則の詳細まで記す必要はないが，「懲戒処分を行う」ことを規程に明記するとよい。教員，職員への意識啓発にもつながる。

4．定期的な教育研修

代表的な情報漏えいの形態として，電子メールによる誤送信，USBメモリや書類の紛失などがある。人間が情報を取り扱う以上，情報漏えい事故をゼロにすることはできない。このため，情報漏えいが起きたとしても被害を最小限にすべく，パソコンやファイルにパスワードをかけることを徹底させる必要がある。

ネットワークに接続された複合機からの漏えいや，メーリングリストの設定によって第三者からその内容が閲覧可能な状態になるなど，新たな情報漏えいの形態も出てきている。またExcelで作成した表をWordに貼り付ける方法によっては，元ファイルのExcelに入力されていた情報がすべて流出してしまうほか，WordやExcelのプロパティにも情報が残るなど，一定の知識が必要なケースもある。教職員に対して，最新の情報漏えいの形態を知ってもらうとともに，学校のルールを周知徹底させるためにも，少なくとも年に1回の教育研修を行うことをお勧めしたい。

2 SNS利用におけるトラブル

　SNS（Social Networking Service）への投稿が事件，事故，迷惑行為に繋がるケースが後を絶たない。投稿内容によっては学校として組織的な対応が求められることもある。本節ではSNS利用におけるトラブルとガイドラインの作成について解説する。

1．学生，教職員のトラブル事例

　2011年1月，「著名人がレストランで会食している」とホテルのレストランでアルバイトをしていた学生がツイッターに書き込んだ。その5時間後，学生の実名や顔写真がネットでさらされることになった。ツイッターでは本名などを明らかにしてはいなかったが，ほかに登録していたSNSから個人を特定された。

　また，アミューズメント施設で迷惑行為を繰り返した上で，その写真をツイッターに投稿した学生らが2013年12月，威力業務妨害罪などで略式起訴された。その他，アルバイト先の店舗の冷蔵庫に入ったり，食材でふざけた様子をSNSに投稿した結果，その店舗が休業や閉鎖に至る事例も発生している。

　トラブル事例は学生だけではない。2013年10月，大学教授がプロ野球観戦を巡る暴言をツイッターに投稿，所属する大学に抗議が寄せられ，大学はホームページに謝罪文を掲載することになった。

　SNSは，内容の重大さを考えないまま，感情の赴くまま気軽に投稿できるため，学生のみならず教職員でも当事者となる事例が多いのが特徴である。

2．SNSの特性を理解させることから始める

　以上のトラブル事例を分析すると，まずは学生のみならず教職員に対してもSNSの特性を理解させることから始める必要がある。その特性は以下の3点である。

(1)　投稿内容は不特定多数にも伝わる
　SNSなどには「いいね！」ボタンによる投稿内容の転送機能があるほか，検索サイトなどによって，投稿内容が検索結果として表示されてしまうことも多い。公開範囲を仲間内だけに限定したつもりでも，その内容は見知らぬ第三者に伝わる可能性は十分にある。

(2)　プライバシーが漏れやすい
　プロフィール欄にプライバシーにかかわることを記載しない場合でも，投稿内容や写真の背景などから日々の行動パターンを把握することができるため，個人を特定するのは難しくない。写真に位置情報が埋め込まれている場合，特定はさらに容易になる。

(3)　投稿内容は消すことができない
　写真を含めて一度投稿した内容はネット上から消すことはできない。このため問題発言をして炎上（ネット上で批判的な注目度が急増すること）した場合，沈静化するための選択肢はほとんどない。企業によっては採用活動の参考に過去のネット上での発言を検索するところもあり，投稿内容が将来にわたって投稿者やその所属校に影響することもある。

3．SNS利用のガイドラインを作成する

　SNSはコミュニケーションツールとして非常に有用な反面，使い方によ

ってはトラブルに至る可能性が高いツールでもある。したがって，学校でSNS利用に関するガイドラインを作成して学生・教職員に順守させることが望ましい。盛り込むべき内容は①目的，②利用者に注意喚起を促す項目，③学校を守るための項目の3点である。

(1) 目的

何のためにガイドラインがあるのか，その目的を利用者に知ってもらうために，「SNSを効果的かつ安全に活用する」「トラブルに巻き込まれないようにする」などを記載する。

(2) 利用者に注意喚起を促す項目

SNSの特性（デメリット）を念頭に，①良識のある態度と，よく考えた投稿，②プライバシーの保護に関する項目を記載する。

①良識のある態度と，よく考えた投稿は，炎上（批判的な注目度の急上昇）を避けるための項目である。世の中には多種多様な価値観や視点があり，自分が正しいと思っても他人からみればそうではないこともある。投稿内容は不特定多数にも伝わることを前提にしたものであることを理解させる。

②プライバシーの保護は，個人情報の特定による悪用を避けるための項目である。これは投稿者本人のみならず，友人に関する情報を投稿する場合も同様である。

(3) 学校を守るための項目

学校名を明示した発言は学校を代表した発言となり，投稿内容によっては学校の伝統や品位を損なうケースもある。したがって①学校名に関連する投稿は個人的な見解であることを明記する，②機密性を保持する，③サークル等でSNSを立ち上げる場合は学校の承認を得る，に関する項目を

記載する。

　①学校名に関連する投稿は個人的な見解であることを明記するとは，情報が独り歩きして興味本位に扱われないようにするための項目である。学校名に関連した発言を行う場合には，当該部分のホームページのリンクを貼り，それ以外の場合には「個人的な見解である」等を明記するなど，マスコミへの発表以上の注意が必要である。

　②機密性を保持するとは，投稿される内容が公共の場に載っても問題ない情報であることを徹底するための項目である。投稿内容は消すことができないため，投稿するにあたって，特に教職員の場合には職務上で知りえた情報や未公開情報は投稿しないことが求められる。

　③サークル等でSNSを立ち上げる場合は学校の承認を得るとは，管理人を決めて監視を義務づけ，発言に責任をもたせることで，不適切な投稿をさせないための項目である。当然ながら大学のロゴを無断使用しないことも明記すべきである。

(4)　**中学・高校におけるガイドライン**

　上記の内容に加えて，「保護者の責任」を加える。携帯電話やスマートフォンを使用させる責任は保護者にあることを理解してもらうためである。

　学生・教職員によるトラブルを減らし，未然に防止するためには，前項のガイドラインを作成するだけではなく，その内容の周知徹底が不可欠である。

主なリスク事例―情報漏えい・SNS

分類	学校	リスク事例
紛失	小中高	・卒業証書を紛失 ・児童の指導要領の所在が不明 ・体力試験結果を紛失 ・全校生徒の氏名，授業の履歴情報が入ったUSBメモリを紛失 ・生徒の個人情報を記録した指導要領を紛失。保護者に説明せず
	大学	・教員が学生情報の入ったHDDをネットカフェで紛失 ・専任職員，個人情報が入ったUSBメモリ紛失 ・教員補助している学生が履修者名簿入りの携帯音楽プレーヤーを紛失 ・学生が患者データの入ったPCを紛失 ・学内郵便配送中，教職員の健康診断結果の資料を紛失 ・AO入試の合格者の書類を紛失 ・入学手続書類を紛失 ・教員，PCを電車内で紛失 ・学生の奨学金書類紛失 ・教員，成績報告書等を電車内に置忘れ ・職員が個人情報が入ったPCを紛失
盗難	小中高	・在校生，卒業生の個人情報が入ったPCが盗難
	大学	・研究室からPC盗難。OB名簿が流出 ・事務室から個人情報を含むデータが入ったPCが盗難 ・学生，患者データが入ったUSBを盗難 ・非常勤講師，自家用車中から成績簿が盗難 ・教員の履修者データ入り自宅PCが盗難 ・教員が電車内で個人情報が入った鞄を盗難 ・教員が海外出張中に個人情報入りのPCを盗難
悪意	高校	・高校生，教諭IDで千人分の成績情報等を不正アクセスして入手SNSで拡散
	大学	・教員，修士課程の入試問題を漏えい ・職員，大学ホームページを改ざん ・学生が学内情報システムにフィッシングサイトを作成。他の学生の成績情報を盗み見 ・学生，学内システムに不正アクセス。成績を盗み見
誤送信	大学	・大学院学生，個人情報データを誤送信 ・入試成績の開示請求で別人のものを送付 ・職員採用案内をBccにせずメール ・メール送信先を間違え，教職員，学生名簿を誤送信 ・大学院生，患者の治療状況の記録を誤って第三者に送信
誤送付	大学	・保護者宛郵送物に，郵送名簿を誤封入

ファイル共有ソフト等によって流出	大学	・大学院生PCからファイル共有ソフトで履修者名簿流出 ・学生，PCから患者情報流出 ・学生，PCからサークル名簿が漏えい ・職員の自宅PCからウィルスで個人情報が流出 ・教員開設のホームページから個人情報が流出
不正アクセス	大学	・サーバに不正アクセス。公式ホームページが閉鎖 ・イベントのサーバに外部攻撃。個人情報漏えい ・標的型メールで，教職員，学生のメールアドレスが流出 ・サイバー攻撃，IDや暗号化されたパスワードがネットワーク上に流出 ・学生，コンピュータウィルスの作成で逮捕
外部から閲覧可能	大学	・他の学生のMy Pageがアクセス可能 ・授業用資料，学生情報が外部から閲覧可能 ・サーバ上の成績情報が閲覧可能 ・学内専用ページが外部からアクセス可能 ・卒業生の個人情報が外部ホームページから閲覧可 ・複合機の情報，ネットで閲覧可能 ・google GROUPで個人情報が閲覧可能 ・サーバに不正アクセス。研究データが閲覧可能 ・学生や入学合格者などが外部から閲覧可能。サーバの設定ミス ・教員，学生名簿が入ったHDを自宅に持ち帰りネットに接続，閲覧可能 ・成績データのPDFが検索サイトにヒット
委託業者経由での漏えい	大学	・同窓会名簿のCD，運送会社が輸送中に紛失 ・レポート等を運送会社が配送中に紛失 ・委託会社，ICカードシステム構築のための個人情報が入ったPCが車から盗難 ・委託会社PCから，合否情報がWinnyで流出 ・委託会社PCから，ファイル共有ソフトで学生情報流出 ・委託業者が入試合格者データの入ったFDを紛失 ・卒業証書作成業者，名簿を紛失
データ破損	大学	・データ保存拠点のネットワークデータが破損
SNS	小中高	・教卓の成績情報を生徒がスマホで撮影してSNSで拡散 ・教員，成績情報のスマホでの撮影を認める。その後SNSで拡散 ・名簿がSNSで流出。廊下の机に置忘れていたのを生徒が撮影
	大学	・学生，ウサギの解剖をブログに公開 ・学生，SNSにアルバイト先で品位欠く投稿 ・学生，SNSで人権侵害 ・教員，ブログに不適切な書込み
その他	小中高	・教員，同級生のテストの点数を自宅で子供に見せる

第 **5** 章

学生の海外留学

　第5章は学生の海外留学である。渡航先の国情報，事件・事故に遭ったときの行動など学生に周知徹底すべきことのほか，渡航先の把握や学生への定期的な連絡など学校が学生に行うべきことなどを解説する。

学生の海外留学

　2012年，インターンシップで訪れたルーマニアで学生が事件の被害に遭った。大学側は海外に行っていたことを事前には把握していなかったという。また，2011年にはニュージーランドで地震が発生，多くの留学生が被害に遭った。一方，2003年には中国の大学の文化祭で留学生が行った寸劇が大規模な反日学生デモに繋がった。2008年と2010年には，留学の仲介業者が経営破たん，前払い金が戻らなくなるトラブルが発生した。

　近年，海外への留学が増えている。それに伴い学生が重大なトラブル等に巻き込まれるケースも増えてきている。本章では「学生の海外留学」をテーマに解説する。

1．学生の生命，安全を優先して対応する

　学校・大学は，学生が事件・事故等に遭ったとき，または遭いそうになったとき，学生の生命，安全を最優先した行動を迅速にとることができるかどうかが求められている。

　海外では法律，文化・習慣などが日本と大きく異なる。このため，学生に対しては，渡航先の国の情報を把握させ，事件・事故に遭ったときの行動を周知徹底することが必要となる。一方，学校・大学は，注意すべき危機事象を網羅的に把握する，渡航先の国の危険性に応じて留学の中止等を判断する，学生が事件・事故に遭ったときの支援を行う，ことができるよう準備しておくことが必要となる。

2．学生に周知徹底すること

(1) 学生に伝えるべき渡航先の国の情報

　渡航前に把握すべき必要な情報は，①法律，②文化・習慣である。知識

がないため，トラブルに遭遇したり，犯罪者になってしまったりすることも多い。

　①法律について，飲酒や喫煙の法律的な規制の有無，交通ルールの違いに加え，動植物の持帰り，銃規制，麻薬・覚せい剤に関する取締りや罰則に関する情報の把握が不可欠である。

　一方，②文化・習慣については，言ってはならない言動，その国の対日感情，写真撮影のときの注意を把握させることが重要となる。これらについては，渡航先の国の宗教・民族の状況，歴史的背景，政治の状況を理解させることも必要となる。

(2)　事件・事故に遭わないための行動と遭ったときの行動を学生に周知徹底する

　まずは事件・事故に遭わないための行動をとらせることが基本となる。ポイントは，①服装などに注意して狙われないようにする，②犯罪被害に遭わないように危険地域を把握して近づかないことである。

　そして万が一，事件・事故に遭った場合には，③学校・大学，家族，保険会社，在外公館等に連絡する，④独断で行動せず学校・大学や在外公館等の指示に従うことを周知徹底する必要がある。

3．学校・大学の対応態勢の構築

(1)　注意すべき危機事象を網羅的に把握する

　学校・大学が対処すべき危機事象は，自然災害，事件・事故，テロ・暴動，病気・怪我，行方不明（本人と連絡がとれない），メンタル問題などである。以上の危機事象に対処するため，学校・大学は，①学生の渡航の把握，②学生との定期的な連絡が必要となる。

　①学生の渡航の把握について，緊急時に迅速に対応できるよう，学生には海外に留学する前に必ず学校・大学に届け出を行わせることである。必

要な情報は，パスポート，渡航先，渡航期間，渡航先での連絡先，国内の連絡先，保険の内容などである。あわせて，学校・大学は，健康状況（持病がある場合は症状を英文で書いた文書を用意させる），保険への加入，在外公館への在留届の提出（3ヵ月以上滞在する場合）を確認する。保険契約する際，24時間，日本語での対応が可能であるアシスタンスサービスの内容について確認しておくことも忘れてはならない。

②学生との定期的な連絡の主たる目的は，メンタル面でのサポートである。言葉や文化の違いなど，留学中はメンタル面で不安定になることが多い。学校・大学は学生と定期的に連絡をとり合うことで，学生の状況を随時把握して，必要に応じてサポートすることが可能となる。

(2) 渡航先の国の危険性に応じて留学の中止等を判断する

渡航先の国の状況については，外務省の海外安全ホームページで把握することができる。地域別の危険情報，スポット情報・危険情報（感染症関連情報も含む），安全対策基礎データ，テロ・誘拐情勢等が掲載されている。特に危険情報は，地域の状況を「十分注意してください」「渡航の是非を検討してください」「渡航の延期をおすすめします」「退避を勧告します。渡航は延期してください」の4段階で示している。留学の中止，延期，継続，途中帰国等の判断の目安にするとよい。

(3) 学生が事件・事故に遭ったときの支援を行う

学生が事件・事故に遭ったとき，学校・大学は，①情報を収集する，②必要に応じて職員等を現地に派遣して学生への必要な支援を行う，③家族の現地入りへの支援を行う，の3点を行うことになる。

①情報の収集について，危機事象の概要，学生の状況の2点を把握することが最も重要である。特に後者について，病気や怪我が重篤な場合は留学を中止するかどうか，死亡の場合は遺体の取扱い（火葬の可否，遺体の

搬送）をどうするか，行方不明の場合は警察・在外公館等への連絡をどうするか，等の判断を行うことになる。

　②職員等を現地に派遣する基準としては，渡航先で学生自身が危機事象に対処できるか否かで判断するとよい。派遣することが決定した場合，学校・大学は職員等に出張命令を出し，ビザ・航空券・ホテルの手配を行い，現地では派遣先大学，病院，在外公館との連絡，通訳の手配などを行い，必要に応じて学生の帰国の支援（銀行口座の閉鎖，健康状態の管理など）を行うことになる。なお6ヵ月以上，職員等を用務で海外派遣する場合には，労働安全衛生法により健康診断を受診させる義務がある。

　③家族の現地入りについて，職員等の派遣同様，ビザ・航空券・ホテルの手配などを支援することになる。

4．情報の収集が最も重要である

　海外留学への対応について，最も重要なキーワードは「情報」である。渡航先の国の状況，危機事象の概要，学生本人の状況など，正確な情報の収集が最も重要である。特に危機発生時にはどこから情報を収集するのか，「情報源」を常に最新の状況に保つことがポイントである。

事例　横浜市立大学

　横浜市立大学では，危機管理の観点から，危機の発生の予防および発生した場合の被害の最小化を最大目標として取り組んでいる。同大学が作成している危機管理マニュアルの中にある学生海外派遣プログラムにかかる危機管理の実践事例について述べる。

1．緊急時の対応マニュアル

　「緊急時の対応マニュアル」という性質から，危機の発生の予防については後章に回し，危機発生時にまずみなければいけないページをマニュアル冒頭にまとめ，マニュアルとしての使いやすさに配慮している。

　緊急時の対応として，初動体制のダイジェスト版がトップページに記され，追って本部設置基準や設置時の班別の役割分担（情報収集担当，学生・家族担当，派遣支援担当等）およびその詳細，必要なフォーマットと続いていく。マニュアルとしては，危機発生予防も含めると60ページに及ぶが，緊急時に慌てないように，例えば班別役割分担の詳細ページには，どの班に関する記載においても冒頭にサマリーおよび対応事項のチェックボックスを設けている。

　また，情報収集においては収集した情報を落とし込むフォーマットを作成し，誰が対応しても，聞き漏らしが起きないような工夫を施している。

　学生海外派遣にかかる危機管理では，国内・構内での危機と比して，時差の問題や外国語による入電など，よりさまざまなケースが想定され得るため，海外での危機管理専用の緊急連絡網を作成し，有事の際には機動的な対応が取れるように工夫されている。

2．危機管理マニュアル作成プロセス（危機管理プロジェクト，危機管理シミュレーション訓練）

　順調に伸びていく学生派遣者数およびますます複雑化する世界情勢を受けて，危機管理対策意識が高まる中，同大学では以下のような過程を経て，危機管理マニュアルを完成させた。

　もともと，学生海外派遣担当部門の作成した簡易版のマニュアルしかない状態で，危機管理シミュレーション訓練を行った。海外で，学生の乗るバスがバスジャックに遭ったという想定で，保護者への説明，記者会見等をシミュレーションにより実施した。この結果を踏まえて得られた課題から，危機管理は一部門の課題ではなく全学対応が必要な事案であるとの認識に至り，前述のとおり多部門の職員連携による危機管理プロジェクトを発足させ，先に実施した危機管理シミュレーションの結果を踏まえつつマニュアルを完成させるに至った。マニュアル完成後は，そのマニュアルがきちんと機能するかどうかを，再度実施した危機管理シミュレーションにおいて検証し，必要な修正を加えた。このように，丁寧なプロセスを経て，多くの参加職員の手により完成したマニュアルは，同大学の実情に合った実践的なものへと仕上がっている。

危機管理シミュレーション訓練

3．危機発生の予防～海外派遣学生への渡航前オリエンテーション

　大学の学生海外派遣プログラムのみならず，休学等による海外渡航者も含めて，本学では渡航前の危機管理オリエンテーションを実施している。大学のプログラムだけで400名程度に上る派遣者に対応するため，2015年度は年間7回のオリエンテーションを実施した。オリエンテーションは，事前準備による危機発生予防と，起きてしまったことへの対応の2部構成とし，どちらも公的な情報ソースの活用方法，ケース別の対応方法，外務省への渡航情報の登録（在留届又はたびレジ）等，時にワーク等も交えて自身の身を自身で守るスキルの醸成に努めている。

第6章

いじめと体罰

　第6章はいじめと体罰である。いじめについては，指導体制，教育活動，教育相談，家庭・地域との連携など，4つの基本を解説する。体罰については，教職員と学生の意識，アンガーマネジメント，組織対応など，3つの基本について解説する。

1 いじめ

　2011年の滋賀県大津市の公立中学校で男子生徒がいじめを苦に自殺した事件では，学校と市教育委員会の事実認定などの対応が問題となった。また2012年の大阪市の公立高校で部活動において体罰が恒常的に行われていた事件では，事前に体罰情報があったにもかかわらず学校が対応しなかったことが問題となった。

　これらの事案を受けて2012年8月，いじめ問題が背景にある自殺事案等を支援する「子ども安全対策支援室」が文部科学省内に設置され，2013年6月には道徳教育等の充実，いじめ等の早期発見のための措置，相談体制の整備などを盛り込んだ「いじめ防止対策推進法」が成立した。

　いじめと体罰は，子どもの人権問題に深くかかわる問題であり，学校が取り組むべき優先課題といえる。本節ではいじめをテーマに解説する。

1．いじめの実態

　いじめとは，起こった場所が学校の内外を問わず「当該児童生徒が，一定の人間関係のある者から，心理的，物理的な攻撃を受けたことにより，精神的な苦痛を感じているもの」と文部科学省では定義している。

　これを前提に調査した2012年度の「児童生徒の問題行動等生徒指導上の諸問題に関する調査」（文部科学省）によると，いじめの認知件数（国公私立小中高校等）は19.8万件と前年度比2.8倍，1校当たりの件数も5.1件と前年度の1.8件から大きく増加した。

　いじめの態様については，「冷やかしやからかい，悪口や脅し文句，嫌なことを言われる」が全体の64％と最も多くを占め，「軽くぶつかられたり，遊ぶふりをして叩かれたり，蹴られたりする」や「仲間はずれ，集団による無視をされる」がともに21％と続く。

発見のきっかけについては「アンケート調査など学校の取組みにより発見」が全体の53％と最も多く，「本人からの訴え」が16％，「学級担任が発見」が13％と続く。

　一方，統計は存在しないが，いじめ問題は大学でも存在する。2007年，大阪府の大学に留学していた外国人の学生がいじめを苦に自殺した。大学は調査をしないまま見舞金を渡して，債権債務がないことを確認する合意書の署名を遺族に求め解決を図ろうとしていたことが2010年に発覚，問題となった。大学においても，いじめ問題の存在を認識して，予防策ならびに発生時の対応策を講じておかなければならない。

2．いじめ防止の基本は4つ

　いじめ防止の基本は，①指導体制，②教育活動，③教育相談，④家庭・地域との連携，の4つがキーワードとなる。

(1) 指導体制

　組織的にいじめの早期発見と適切な指導を行うことである。いじめの早期発見については，児童・生徒の様子に関する全教職員の情報共有・日常的な観察の強化を行い，適切な指導については，校内関係者の役割分担（責任の明確化）と連携，実践的な研修の実施を行うことが基本となる。

(2) 教育活動

　児童・生徒への意識啓発を行うことである。「加害者」と「被害者」だけではなく，いじめを面白がる「観衆」と，見て見ぬふりをする「傍観者」の存在を認識させることからスタートし，教員は環境作りや道徳，ルール作りを指導していくことが基本となる。

(3) **教育相談**

　指導体制とあわせて，いじめの早期発見を容易にすることを目的とする。教員や家庭との信頼関係の構築に加えて，相談窓口の設置などが基本的な対応となる。体制作りにおいては，第三者からの視点を得るという意味で，学校関係者以外の人材を積極的に取り込むとよい。

　東京都内の自治体では，全中学に専用サイトを設けて，24時間，いじめの通報や相談ができるシステムを導入している。通報先はNPO法人となっており，受け付けた情報は自治体に報告される。匿名での通報が特徴であり，いじめの早期発見を重視した取組みとなっている。

(4) **家庭・地域との連携**

　児童・生徒の社会的能力を育て，家庭や地域住民との信頼感を醸成することを目的に，家庭や地域住民の積極的な学校活動への参加を促すことである。

　滋賀県内の中学校では，地域住民の有志が登下校時の通学路での挨拶や授業参観，校内でのごみ収集活動を行っている。開始から1年が経ち，荒れた校内の雰囲気を落ち着かせることに成功した。

　また，文部科学省が推進するコミュニティ・スクール（学校運営協議会制度）という制度もある。学校運営に保護者のみならず，地域住民も参画することが可能になる。学校と地域住民との連携をより強めることができる制度である。

3．いじめ発見時の学校としての対応

　いじめを発見した場合，最優先すべきことは被害者と通報者を守ることである。これを念頭に，学校として情報収集と情報の共有を行い，被害者には心の安定を図り，加害者には毅然とした態度を示し，周囲の子ども（観衆，傍観者）には，いじめ抑止の仲裁者への転換を促すことが重要である。

また並行して，いじめの原因を把握しなければならない。子どもの心理状況（ストレス，不安，イライラ，無気力）を踏まえ，原因が家庭にあるのか，学校にあるのかを見極める。家庭に原因があるケースとしては，家庭がやすらぎの場になっていない，親子の認識にギャップが生じていること等が考えられる。学校に原因があるケースとしては，学校の締め付けが厳しい，競争関係が激しい，授業内容が理解できない，子どもと教師に信頼関係がないこと等が考えられる。原因の把握が根本的な解決の第一歩である。

　冒頭で紹介したいじめの認知件数の大幅増加は，深刻ないじめ問題があったことも背景にある。つまり，いじめを見て見ぬふりをしている学校が多いということである。4つのいじめ防止の基本を着実に実施し，いじめ防止に繋げなければならない。

2 体罰

1．体罰の定義

　学校教育法第11条で禁止されている体罰について，その定義を明確化するため，文部科学省は2013年3月，「体罰の禁止及び児童生徒理解に基づく指導の徹底について（通知）」を全国の教育委員会に出した。これによると，「体罰とは児童生徒の身体に対する侵害や肉体的苦痛を与えるもの」であり，「児童生徒からの正当防衛や目前の危険回避のための行為は該当しない」とした。あわせて「給食の時間，ふざけていた生徒に対し，口頭で注意したが聞かなかったため，もっていたボールペンを投げつけ，生徒に当てる」，「放課後に児童を教室に残留させ，児童がトイレに行きたいと訴えたが，一切，室外に出ることを許さない」などの例も示した。

　一方，部活動における体罰については，同じく文部科学省が2013年5月に「運動部活動での指導のガイドラインについて」を公表した。前年の大阪市の公立高校での部活動における体罰事案を受けて作成されたものである。「長時間にわたって無意味な正座・直立等特定の姿勢の保持や反復行為をさせる」「相手の生徒が受け身をできないように投げたり，まいったと意思表示しているにもかかわらず攻撃を続ける」などの例も示されている。

2．体罰の実態

　小学校・中学校・高校における体罰の発生率（発生学校数ベース，国公私立合計）は，文部科学省「体罰の実態把握について」（2013年8月）によると，2012年度は10.8％だった。高校での発生率が最も高く23.7％，続いて中学校16.2％，小学校5.5％となった。発生の場面は授業中（31.8％）と部活動中（30.5％）で全体の約6割を占めている。

大学の体罰については暴力問題やハラスメントとして処理されるケースが多い。関連する統計はないが，「野球部において，練習試合で四球を連発した選手に対して監督が頬に平手打ちを行った」(2013年)，「講義や実習中，指示に従わなかった学生に対して教授が拳で殴ったり，怒鳴ったりした」(2012年)，「論文指導をしていた院生に対して，肩や背中をマジックハンドで断続的に数十回殴った」(2010年)などの事例が体罰として報道されている。

3．体罰防止のポイントは3つ

体罰防止には，①教員・指導者と学生の意識をともに変える，②教員・指導者はアンガーマネジメント（怒りのコントロール）を身につける，③組織的対応を行う，の3つがポイントとなる。

(1) 教員・指導者と学生の意識をともに変える

京都府が教職員に対して行った「体罰に関する意識調査」(2013.4)によると，指導について「場合によっては，体罰に及ぶことがあっても仕方がない」という質問に対して，全体の6.3％が「そう思う」「どちらかといえばそう思う」に回答した。

一方，大学の運動部所属の学生に対して行った朝日新聞によるアンケート調査（2013.5）によると，体罰の影響について，「気持ちが引き締まった」が全体の60％（複数回答），「指導者が本当に自分のことを考えていると感じた」が20％（同）と，肯定的な意見も多かった。

とはいえ教員・指導者は，体罰は愛の鞭ではないことを認識するとともに，体罰を受けた学生の心身に悪影響を及ぼすことを理解しなければならない。一方で学生の側も，いかなる場合であっても体罰は許されないという意識をもたなければならない。体罰を容認した学生は将来，指導者になったときに体罰を受容する傾向が強い。その意味で学生の意識改革は指導

者以上に重要である。

(2) **教員はアンガーマネジメントを身につける**

　怒りをそのまま学生にぶつけてしまい，結果，体罰になるケースも多い。怒りをコントロールする方法をアンガーマネジメントという。

　怒らないことは人間なので不可能である。怒ったとき，一呼吸するなど，怒りの感情を抑制する方法を身につけることが教員に求められる。怒りのピークは6秒といわれており，このとき，とっさの行動をとらないようにするための方法である。

　加えて平常時においても，自分の指導法を過信しない，成果を急がないなど，怒りが起きにくい状況にすることも心がけておくことが必要である。

(3) **組織的対応を行う**

　「何かがおかしい」と感じたら周囲が声をかけるような職場環境を作ること，教員・指導者に権限を集中させないこと，閉鎖的にならないこと（指導者と学生を2人きりにしない）など，まずは体罰を防止するための環境整備を行わなければならない。

　その上で，体罰防止委員会等を設けて教員・指導者に対する啓発活動や情報共有を行うこと，ヘルプライン（内部通報制度）を設けること，内部監査の対象にすること等の対応も検討すべきである。

　「市民からの情報公開請求があった場合，学校名や教員名を原則公開する」「訓告や厳重注意など，体罰事案は内部処分を行った場合でも発表する」など，体罰事案の公表基準を引き下げる自治体が増えている。また，教員が「体罰もありだよね」とツイッターに書き込んだことが報道（2013年6月）されるようにもなった。

　このように体罰に対して社会が厳しくなっている状況を踏まえ，大学も含めた学校は体罰防止に向けた対応力を強化しなければならない。

事例1　豊橋中央高等学校

　いじめ問題には，基本指針を定めた上で，特に「いじめの早期発見」「いじめ発生時の迅速な対応態勢の構築」に力を置いた取組みを行っている。

1．いじめ問題への基本指針

　基本指針は①いじめ未然防止のための基本施策，②いじめの早期発見について，③いじめ発生時における対応の3つで構成されている。

　①いじめ未然防止のための基本施策は，学級経営を充実させる，授業中における生徒指導の充実，倫理観・道徳観の育成，教員の自主研修の奨励，学校行事の充実，生徒会活動のさらなる充実，学校アンケートの臨時実施，相談体制の充実，クラス内外の情報伝達の拡充などを記載している。

　②いじめの早期発見については，いじめを発見する手立てとして，教師と生徒の日常の交流を通した発見と複数の教員の目による発見，アンケート調査，教育相談を通した把握，生徒会が主体となった取組みを記載している。

　③いじめ発生時における対応は，いじめの状況（気になる情報）の把握，対策委員の構成，対応方針の決定・役割分担，事実の究明と支援・指導，いじめの被害者・加害者・周囲への生徒への指導，保護者との連携を記載している。

2．いじめの早期発見，対応

　いじめの早期発見は，生徒の変化と教員の観察の両面で対応している。生徒の変化についてはアンケートの活用で見いだしている。

　生徒の変化については，前期と後期の年2回，生徒への学校生活に関するアンケートによって，早期把握に努めている。居心地が悪いと感じている生徒を見いだすところがポイントとなる。アンケートの内容は，「クラス・部活動の雰囲気になじめていますか」，「あなたは本年度いじめをみたことがありますか」，

「みたいじめの内容はなんですか，そのときあなたはどうしていましたか」，「あなたは現在いじめや暴力を受けていますか」，「そのいじめはどのくらいの頻度でありましたか」，「いじめは誰に相談しましたか，相談しなかった理由はなんですか」，「現在そのいじめの状況はどうですか」，などの質問項目で構成している。

　教員の観察については，2ヵ月に1回程度，いじめ対策委員会を開催することで，教員間の意見交換を通じて早期発見に努めている。

　いじめを把握した場合には，学級内で起きたのか，部活内で起きたのかによって，対応チームを編成した上で，いじめの発端，いじめが発見されたきっかけ，いじめの態様（暴力，恐喝，からかい，嫌がらせ，無視，メール・ブログ・SNSなど），加害者の状況，保護者の状況などをまずは把握し，被害者，加害者，周囲への生徒への指導と，保護者との連携によって，解決にあたっている。

事例2　目白研心中学校・高等学校

　いじめ問題への対応は，問題行動の抑制指導，早期発見，早期対応の3つを重視することで，その発生を抑制している。

　問題行動の抑制については，校内の規則や社会のルールの遵守，マナー・モラルを身に付けさせることで対応している。年間指導計画を作成したうえで，ホームルーム等によってこれらを指導している。またスクールカウンセラーによる生徒への指導を週2日としていることも，問題行動の抑制に繋がっているものと考えている。

　早期発見については，特に中学生への取組みを強化しており，1クラスを25人前後に絞り，正担任を2人設けること，さらには教員と生徒との面談を1学期に1回と回数を増やすことで教員と生徒との距離を縮めることで対応している。高校生については成長等により問題行動が少なくなる傾向があるため，担任は正副の2人としている。その他の取組みは中学生と同じである。

　早期対応について，教員1人で問題を抱え込ませず，早期に学校として対応できるような運営を行っている。職員室の机の配置を教科ごとではなく，学年ごとにすることで，連携の強化を図っている。

　以上の取組みの結果，現在では問題行動やいじめ問題がほとんど発生していない状況となっている。

主なリスク事例―いじめと体罰

分類	学校	リスク事例
いじめ	小学校	・担任，特定の児童に暴言を繰り返す
	中学校	・いじめが原因で自殺
	高校	・SNSでトラブル。学生自殺 ・自主ルールを守らない部員の前髪を上級生が切る ・在学中に先輩暴力で重傷，後遺症が残る。損害賠償金2,400万円
体罰	小学校	・担任，児童に暴言「嘘つき」「迷惑」 ・教員，授業中児童頬を平手打ち，書類送検 ・教諭の暴言で児童がPTSD ・児童の椅子を取り授業させる
	中学校	・教員，実験失敗の罰で希釈塩酸を生徒に飲ませる ・教員が生徒に平手打ち。怪我を負わす ・部活動顧問が部員に体罰 ・教員，バレー部員同士で平手打ち強要 ・部活動での指導中，教諭が生徒の口元にカッターを突きつける ・教員が投げたホウキが女子生徒に当たり，4針縫う怪我
	高校	・空手道部の講師が体罰。書類送検 ・部活で体罰。学生自殺 ・野球部マネジャーが自殺。監督の厳しい指導が原因 ・部員の頬を数回平手打ち ・教員，柔道部で暴行。損害賠償金264万円 ・教員，校外学習に遅刻した生徒に正座させる

第7章

研究不正と論文不正

　第7章は研究不正と論文不正である。研究費の不正については，不正のケース，不正防止計画に盛り込むべき事項について解説する。論文不正については，不正のケース，責任者と権限の明確化，告発窓口の設置など，組織的な取組みのポイントについて解説する。

1 研究費の不正

1．研究費の不正の実態

　2012年3月に文部科学省が発表した「公的研究費の不適正な経理に関する調査結果について（第1報）」によると，平成20年度以降，不適切な経理があったと報告した機関は1,179機関中14機関，調査が完了している8機関の不適切な経理の金額は594万円であることがわかった。一方，平成19年度以前については同34機関，7,263万円であった。

　このような実態を受けて2013年2月，文部科学相は閣議後の記者会見で，研究者に助成する研究費の規定を見直すとともに，次年度からは研究費を私的に使用した場合の応募停止期間を従来の5年から10年に延ばし，かつ，研究費を管理する上司に対しても応募停止期間を最長で2年とするなど，罰則を強化することを明らかにした。

　2014年2月，同省は研究費の不正に対応すべく，「研究機関における公的研究費の管理・監査のガイドライン」（以下，ガイドラインという）を公表，各大学に不正防止計画を策定して，その計画を実践するよう求めている。

2．不正防止計画に盛り込むべき項目

　ガイドラインでは不正防止計画を策定するにあたり，①機関内の責任体系の明確化，②適正な運営・管理の基盤となる環境の整備，③不正を発生させる要因の把握と不正防止計画の策定・実施，④研究費の適正な運営・管理活動，⑤情報の伝達を確保する体制の確立，⑥モニタリングの在り方，の6項目を検討することが必要であると示している。以下，このガイドラインの項目に沿って，より実効性のある対策をとるにはどうすべきなのか

を解説する。

(1) 機関内の責任体系の明確化

①責任者を明確化する，②専門部署，委員会を設置するとともに，調査権限等も付与することが必要である。

研究費の実態として「資金は研究代表者に配分される」「執行が複数部局にまたがり責任の所在が曖昧になることもある」ということを認識しておかなければならない。すなわち，部局だけでは責任関係を完結できないのである。学長などを最高責任者として据え，推進責任者を設けることで，全学的な責任関係をはっきりさせることがポイントである。また，推進責任者に必要に応じて調査を行うことのできる権限を同時に付与することも忘れてはならない。

(2) 適正な運営・管理の基盤となる環境の整備

①文書（行動規範や懲戒規定）を策定し，②研究者に周知徹底することが必要である。特に後者の周知徹底には工夫が必要である。単に研修会を実施しても研究者の参加率は高まらない。資金を獲得した研究者には研修会への参加を義務づける，研修資料やよくある質問をQ&A形式で学内のイントラネットに掲載する，ハンドブックを作成して配布するなど，複数の対応策を組み合わせて講じることがポイントである。また研究者に誓約書を提出させるなど，より強い姿勢で研究者に対応策を求めている大学もある。

(3) 不正を発生させる要因の把握と不正防止計画の策定・実施

まずは現状把握からスタートすべきである。学内でどのような状況が起きているのか，何が問題となっているのかなどを，アンケート調査の実施によって把握して，その要因を分析した上で対応策を講じることが必要で

ある。不正には必ず動機がある。この動機に対する対応策を講じないかぎり，根本的な解決には繋がらない。

そのポイントは，①研究費の執行と手続きに関する不正，②出張精算に関する不正，③研究活動に伴う人件費に関する不正，④研究費の流用に関する不正，の4点である。次節で詳細に解説したい。

3．研究費の適正な運営・管理活動

(1) 研究費の執行と手続きに関する不正

多くの資金は次年度に繰り越せない，目的外に使用できない，手続きが面倒である，研究者の資金の立替えが多い，資金が実際に配分されるまで時間がかかる，などの問題点がある。さらには研究者の観点からも，自分が獲得した資金という思いが強い研究者もいる，研究者に執行の裁量権がある，などの問題点がある。

有効な対応策として，管理することに重点を置き，システムで執行状況を把握する，執行状況を毎月研究者に報告させるほか，資産の購入は1月までとする，年度末に執行が集中する場合には理由書の提出を求める，などをあげることができる。その他，次年度に繰り越せる資金もあることを周知する，仮払い制度を導入して研究者の立替えを不要とする，などの対応策も有効である。

(2) 出張精算に関する不正

出張実態とのかい離をどう埋めるのかが課題となる。実態として，自家用車で出張する，出張を機会に別の目的で訪問する，または他事業の目的とあわせて出張するなどのケースもある。しかし実際には，目的外による出張は一般的には認められない。

有効な対応策として，目的外の出張にも柔軟に対応できるようにするほか，できない場合にはそれを明文化した上で，事前に出張の許可を求める，

事後にはチケットの半券などの提出を求める，訪問先に確認する，または訪問先からサインを取り付けるよう求める，などによって目的外の出張をできないようにすることがポイントである．これらの対応はカラ出張の抑止にも有効である．

(3) 研究活動に伴う人件費に関する不正

　研究費を研究助手などの雇用者の学費や生活費に充てさせる，研究費をプールするために架空の謝金請求を行う，など明らかな不正行為がある一方で，雇用者の勤務時間数の誤り，謝金単価の誤りなど，研究者が雇用者の管理を適切にできていないことに起因する，意図せざる不正も多い．

　有効な対応策として，大学・研究者・雇用者の三者で契約を取り交わす，出勤簿の提出を研究者から求める，などがある．また不正の温床となる研究者と雇用者との曖昧な関係を排除すべく，雇用を行う場合にはハローワークを通すというプロセスを求めている大学もある．

(4) 研究費の流用に関する不正

　私的に流用するケースのほか，まとまった資金が必要である，別の研究に使いたい，当年度に使いきれなかったため次年度に資金を繰り越したい，などの動機によって発生するケースもある．特に「研究のため」を名目に，これらの不正行為を自ら正当化している研究者がいることも事実である．

　代表的な不正行為の手法は「水増し」「預け」である．通常の金額以上の請求書を業者から発行してもらい，その差額を搾取することを「水増し」といい，同様の手口ではあるがその差額を業者が管理することを「預け」という．いずれも実現するためには取引業者の協力が必要である．

　有効な対応策としては，機器の修繕も含めて大学で確実な検収を行う，このために検収センターなどの組織を設置する，研究者による発注を制限する，取引業者にも取引ルールを遵守してもらう，相見積りを必ずとらせ

る，などがある。

　なお検収センターの運用上のデメリットとして，事務手続きが煩雑になる，キャンパスが分散している場合には迅速性を確保できない，納品先が研究者となっている場合には対応が難しい，といったケースもある。一定の金額以上の場合に検収センターを活用するなど柔軟に運用することが現実的である。費用対効果を踏まえ，複数の対応策を組み合わせることを念頭に置かなければならない。

(5) 情報の伝達を確保する体制の確立

　まずは大学としての自浄作用を促す，すなわち研究者の意識を高めることが必要である。これを前提として，相談窓口を設置するほか，学外にも窓口を設置することで，内部通報制度を強化することが有効な対応策である。

(6) モニタリングの在り方

　以上，解説してきた対応策が有効に機能しているか，1年に1回，内部監査によってモニタリングすることも忘れてはならない。

2 論文不正

　2006年，文部科学省は「研究活動の不正行為への対応のガイドラインについて（以下，ガイドライン）」を公表，告発受付窓口も設置した。国内外で特に医学分野での論文不正が相次いで発覚したためである。これらの動きを受けて，論文不正は減少した。

　しかし2013年度に入り，再び論文不正が増加に転じた。研究者間の競争が激しくなり，論文の提出状況がその後の研究者の役職に大きく影響するようになったことが要因の1つとして考えられる。このため大学はもちろんのこと，文部科学省や厚生労働省でも論文不正の発生防止に再び力を入れ始めている。

　2013年9月，文部科学省は①不正を事前に防止する取組，②組織の管理責任の明確化，③国による監視と支援の3つを柱とした不正を防止するための基本方針（中間とりまとめ）を発表した。

　2014年8月，以上の経緯をふまえて，文部科学省は「研究活動における不正行為への対応等に関するガイドライン」を公表するに至った。

　論文不正への対応は，組織的な取組みに加え，研究者個人の意識を改善して初めて効果を発揮する。本節では論文不正について解説したい。

1．組織的な取組み

　論文不正に対する組織的な取組みとして，①責任者と権限の明確化（平常時の管理体制を構築すること），②告発窓口の設置（早期に発見する仕組みを設けること），③調査体制の確立（問題発覚時の対応方法を決めておくこと），の3点が必要となる。

(1) 責任者と権限の明確化

　大学は教員組織と職員組織が重なるように構成されており，企業のように内部統制が効きづらい組織である。論文不正防止に関する管理責任を明確化すべく，規程を定めた上で，大学として，学部としての管理責任者を置くことが必要である。

(2) 告発窓口の設置

　不正を早期に発見するため，告発窓口の設置が有効である。なお悪意による告発，匿名による告発に対応するため，不正の内容が明示され合理的な理由等が示されている告発に限って受け付けるなど，受付条件を明示することも必要である。

(3) 調査体制の確立

　告発を受け付けた場合，本調査は当該研究機関が告発内容の合理性等を検証（予備調査）した後に開始する。当該研究機関以外に所属する研究員で構成する調査委員会が本調査を行うことになるが，調査過程において，①研究内容の把握，②告発者と被告発者への配慮，に注意する必要がある。

　①研究内容の把握について，近年は研究者の専門の細分化が進んでいるため，専門外の委員が論文の内容を完全に理解することは難しい。このため「意図的なデータ操作の証拠はみられないが，問題なしとの確証は得られていない」「調査に努力しているが，新たな事実が出てくる可能性は低い。ここが限界」など，歯切れの悪い調査結果を公表するケースも多い。調査には限界があることを前提としつつ，できるだけ多くの関係者に対してヒアリングを丁寧に行うなど，地道に根気よく調査を行うことが求められる。

　②告発者と被告発者への配慮について，双方の主張を尊重した対応を行うことも忘れてはならない。2013年8月，被告発者の名誉棄損を巡る訴訟において，仙台地裁は「論文が直ちに捏造，改ざんがあるということはで

きない。学術論争において決着を図るべき」として，告発者に110万円の損害賠償の支払いを命じた事例もある。

(4) 大学での取組み事例

　論文不正を検証するにあたって，データの提出ができるかどうかが1つのポイントとなる。このためA大学では，データに不正の疑いが生じた場合，直ちに照合できるよう組織で運営するデータベースへの登録を義務づけた。データ登録前の不正には対応できないが，一定の抑止効果は期待できる。一方で，B大学のように「データの提出ができなければ不正とみなす」と内規を変更した大学もある。

　研究活動は，大学においては教授を頂点とした単位で，学外では専門分野での研究コミュニティ（学会）単位で行われることが多い。このため論文不正を防止するにあたっては，権限を集中させず，相互監視体制をどう築くかがポイントとなる。

2．研究者個人の意識改善

　「わが国における研究不正」*によると，不正等の起きる原因として「ミス，不注意（未熟，不適切な処理も含む）」（全体の13.8％）や「認識不足，誤認」（同13.3％）が上位にあげられている。不正等の認識があった原因に絞ると，「論文等の研究価値を高めるため」（同6.4％），「研究者としての業績を上げるため」（同6.4％）が上位になる。

　2006年の文部科学省のガイドラインによると，「捏造」「改ざん」「盗用」のほか，「二重投稿」「不適切なオーサーシップ（研究に貢献のない研究者が共著者となる等）」を不正と定義している。また最近では企業に所属す

＊　松澤孝明「わが国における研究不正　公開情報に基づくマクロ分析(1)」『情報管理』Vol.56, No.3, pp.156-165, 2013年，「わが国における研究不正　公開情報に基づくマクロ分析(2)」『情報管理』Vol.56, No.4, pp.222-235, 2013年。

る社員が身分を隠して共著者に名を連ねること，内容を小分けにして論文を発表することも，不正として捉えられている。
　「ミス，不注意」等には不正の種類を認識させることで対応し，「不正」には2013年の文部科学省の基本方針にある倫理教育の強化で対応することで，研究者個人の意識改善につなげるとよい。
　2006年の文部科学省のガイドラインによると，論文不正があった場合，2年から10年は研究費が支給されない。研究者の将来のためにも，大学として倫理教育を強化すべきと考える。

3 調査報告書からみる論文不正の実態

コピー・アンド・ペースト（貼り付け）や画像の切り貼りなどによって作成された論文の不正が大きな問題になっており，博士学位の取消しなどの事例も出ている。本節では論文不正がどのように行われるのか，インターネット上で公表されている調査報告書を複数分析した結果から解説する。

1．調査報告書への記載項目

調査報告書には，①調査開始の経緯，②調査対象・調査対象者，構成する委員，③調査内容・方法，調査結果（研究主題に係るか，補助金獲得に関連性があるか），不正行為に係る関係者の処分や再発防止策，などの項目が盛り込まれている。

(1) **調査開始の経緯**

誰がどのように告発したのか，またはどのような経緯で発覚したのか，日程とともに記載する。

(2) **調査対象・調査対象者**

該当する論文と著者，共著者を記載する。

(3) **構成する委員**

調査委員会の委員名が記載される。委員の過半数が学内関係者であるケースが多くみられたが，中立的な調査を実施する観点から学外関係者が過半数を占めることが理想である。

(4) **調査内容・方法**

予備調査開始の経緯と日程，本調査開始の判断理由と日程が記載される。論文に対して疑義が生じた場合，その内容の合理性等を検証するため，まずは予備調査が行われる。この期間に3ヵ月を要する事案もあった。本調査の開始が決定されると，調査委員会が設置され，著者に対して過去に発表した論文リストの提出を求めるとともに，論文作成の経緯やその内容に対するヒアリングが行われる。学外に共著者がいる場合，必要に応じて当該大学と連携することが必要である。調査委員会では，当事者に対するヒアリング項目，ヒアリング内容，論文内容の検証方法，調査報告書の内容，共著者との関係などが慎重に議論される。このため結論が導かれるまで早くて半年，通常は1年前後の期間を要する事案がほとんどであった。

(5) **調査結果**

該当する写真，データ，記載項目すべてに対して，オリジナルの有無，捏造と判断した場合にはその手口等を細かく記載する。第三者がみても容易に判断ができるように，実験ノートの写しが添付された報告書もあった。

(6) **不正行為に係る関係者の責任に対する判断**

責任著者と指導教授に対して行われる。責任著者については，主題に係る不正なのか，説明責任を果たしているのかという観点で，処分の内容が判断される。指導教授に対しては，共著者になっていない場合でも管理責任はあると判断した事案もあった。

不十分な内容の調査報告書は，調査対象者から不服の申し立てが行われる可能性もある。調査報告書の作成には十分な議論が必要である。

2．論文不正の手口

論文不正調査報告書の内容を分析したところ，写真やデータの改ざん，

参照論文が確認できない，多重投稿など，科学分野における論文不正が多かった。

写真の改ざんについては，上下・左右の反転，一部拡大，回転，縦横比の変更，画像の一部抽出，一部消去，はめ込み，バックグラウンドの変更などが多かった。また上下・左右の反転などを複数回繰り返す状況も少なくなかった。いずれもオリジナルと比較して画像が重なるかどうかで，改ざんかどうかが判断される。なお自著の論文から引用した画像についても，注釈を付けることなく初出のように取扱う場合，不正として判断される。

データの改ざんについては，異なる実験データの繋ぎ合わせのほか，異なる条件下における実験結果もデータの改ざんとして指摘されている。また，データの正当性を裏づけるためには，実験ノートの存在が不可欠となる。したがって，正しい実験によってデータを取得したとしても，実験ノートがなければ不正として取り扱われることになる。

多重投稿として，1つのデータで複数の論文をほぼ同時に発表するケースが指摘されている。当該研究者の論文を完全に把握することは難しいため，著者から正確な論文リストの提出がなければ，正しい判断ができないこともある。

3．査読による論文不正の排除の難しさ

写真やデータの改ざん，多重投稿，不適切な共著について，論文不正が行われる背景は次のとおりである。

(1) 写真やデータの捏造

データの捏造は自然科学分野の論文で特に多い。通常，実験は仮説を検証するために行うものである。したがって，10回実験した場合，5回成功した段階で論文を発表するのか，10回成功した段階で論文を書くのかが問題となる。早く発表しなければ研究成果にはならず，前者の段階で発表し

てしまうケースもある。この場合，第三者による再現性が難しいため，捏造と判断される可能性は高まることになる。

(2) **多重投稿**
　研究者にとって論文を発表することは実績を上げることと同義であり，また研究資金を獲得するためにも必要なことである。したがって，論文の内容を充実させることよりも，論文発表数を増やすことを優先する研究者も皆無ではない。
　論文数を増やすためには2つの方法がある。1つは研究成果を意図的に小さくして論文を作成することである。論文はevidence（証明，証拠）の積み上げによって結論が導かれるものである。したがってevidenceの積み上げ幅を小さくすれば論文数を増やすことは可能となる。もう1つは複数の学会に似たような内容の論文を投稿することである。類似した研究分野の学会は多い。このため複数の学会に加入すれば，研究成果を複数投稿することが可能となる。

(3) **不適切な共著**
　学会の規模が小さいほど研究者のコミュニティになっているケースが多く，研究分野が近い研究者同士で共著として論文を発表することもある。この場合，研究者同士が論文内容を十分に理解しないまま，論文発表に至ることもある。
　論文は複数の研究者による査読（レフェリー）を経て発表される。しかし現在は研究者の専門性が細分化されているため，データの正確性を検証することは難しい。実際には理論構成などの確認にとどまるケースも多く，査読による論文不正の完全な排除は難しい。したがって大学には，上記論文不正が発生する背景を踏まえて，研究者への倫理教育を強化していくことが求められる。

主なリスク事例—研究不正と論文不正

分類	学校	リスク事例
研究不正	大学	・教員，科学研究費補助金不正使用 ・教員，正規手続きなく民間から研究費を受領 ・教員，架空のアルバイトで研究費を不正受給 ・教員，研究費を留学生の生活援助に使用 ・教員，不正契約による研究費のプール ・教員，補助金の不正経理（預け） ・教員，受理されてない論文を業績に書き研究費申請 ・教員，6年間にわたりアルバイト給与を水増し ・教員，旅費の二重請求，学生への日当取上げなどで研究費を不正受給 ・教員，アルバイトの時間を水増し，研究費を不正受給 ・職員，研究費，架空発注で着服 ・センター試験経費を水増請求
論文不正	大学	・教員，論文実験データ改ざん，懲戒解雇 ・他者の論文を盗用。修士学位の取り消し ・教員，委託報告書に文献盗用 ・教員，論文不正。データの再利用 ・教員，論文の画像改ざん。動物実験経ずに臨床実験 ・教員，分子生物分野で画像複製や合成で論文改ざん ・教員，高血圧症薬の臨床研究でデータを操作 ・教員，複数専門誌に論文を多重投稿 ・教員，画像切貼りで論文不正 ・教員，大学生の論文を盗用，学会誌に掲載 ・人物追跡技術研究のため，商業施設の来店客を無断で撮影 ・教員，画像の明るさ変更，別の実験に画像を転用などで論文不正 ・捏造や改ざんした図を学位論文に使用。学生の博士論文を取消 ・教員，大学院生の教え子の学位論文を無断引用して学会で発表
その他	大学	・民間企業の社員が身分隠して臨床研究参加 ・職員，真実と異なる研究費不正報告書作成

第8章

学校に関わるさまざまなリスク

　第8章は学校におけるさまざまなリスクである。保護者からのクレーム対応、不審者対策，自転車対策，食物アレルギーへの対応，貴重書の管理，学生・教職員の不祥事など，学校として対処すべきリスクについて解説する。

1 保護者からのクレーム対応

1．重要な初期対応

　クレーム対応について，特に初期対応はその後の流れを大きく左右するだけに，きわめて重要な部分である。したがって，すべての教職員が把握しておかなければならない。基本は①先方の話を十分に聞き（傾聴），②クレームのタイプがどのような種類なのかを見極める，の2つである。

(1) 先方の話を十分に聞く（傾聴）

　先方が何を訴えてきているのかを把握するため，話を十分に聞くことから始める。同じことを繰り返し訴えることもあるが，決して口出しや反論はしないことがポイントである。「話を聞いてもらえた（受容）」「共感してもらえた」という気持ちを先方にもってもらうためである。

(2) クレームのタイプがどのような種類なのかを見極める

　学校に非があるのか，または保護者の思い込み（誤解）なのかを見極める。前者の場合には躊躇せずに謝罪する。後者の場合には，きちんと説明し誤解を解くよう努めるとともに，「そういう気持ちにさせてしまったことは申し訳ない」と謝罪してもよい。

2．初期対応のあとは組織での対応が基本

　初期対応のあとは，組織での対応を基本とする。例えば担任教員が初期対応した後，副校長が保護者との窓口になり，担任が児童・生徒に対応し，養護教員が心のケアを行うなど，役割を分担して対応することがポイントである。保護者との緊張感を和らげるためである。

以下，①情報収集，②対応方針の決定，③保護者の来校時の対応について解説する。

(1) 情報収集
　事実と推測を明確に区別しておくことがポイントである。特に児童・生徒から聞き取り調査を行う場合，時間経過とともに保護者や他の児童・生徒からの意見が加わるため，初期の調査以外は情報が混濁することから有益な情報が得られないことが多い。

(2) 対応方針の決定
　できることとできないことを見極め，どうすれば保護者に理解してもらえるかを考える。このため，要望・苦情の背景は何か，児童・生徒の望む対応は何か，児童・生徒のためになる対応は何かを念頭に置いて考えなければならない。

(3) 来校時の対応
　身なり，態度，受け答えに加え，対応する人数，座席の配置，対応する場所と時間にも留意する。
　悪い印象を与えないため，身なり，態度には注意する。また受け答えについては，曖昧な回答はせず，安易な約束はしないことがポイントである。先方に過度な期待をさせないためである。対応ができない場合，「できない」という直接的な表現は使わず，どこまでなら対応可能か，または対案を提示するとよい。
　対応する人数や座席の配置は，緊張感を和らげることを念頭に置く。人数は先方＋1人を基本とし，1名は中立的な立場で対応する。座席の位置は先方と対面（1対2）で座ることは避け，1名は両者を左右にみる状況で座るとよい。1対1になった場合でも，視線がかち合わないように，真

正面ではなく，若干ずらした形で座るとよい。

対応する場所は学校を基本とし，時間は平日の夕方など常識的な時間に設定するとよい。先方のペースにならないようにするためである。

3．対応が難しいケース

無理難題をいう，長期間にわたり手紙やメールを送ってくる，電話やネットで誹謗・中傷する，教育委員会等を巻き込んでくる，違法・不当な要求をしてくる，1つの要求が通れば次の要求をしてくる，などが対応が難しいケースである。

学校として対応可能な範囲を明確にしておき，法的根拠を理解した上で，毅然とした態度で臨むことがポイントである。

4．必要な教職員へのメンタル面での対応

2010年9月，当時小学校3年生の担任だった教諭が保護者に対して，繰り返しのクレームで不眠症に陥ったとして，慰謝料500万円の支払いを求める裁判を起こした。2013年3月，「被告の行為は配慮に欠けるが，不法行為の要件は満たしていない」として，地裁は原告側の請求を棄却した。

このような状況にならないよう，保護者との対応に関する教職員へのメンタル面でのサポートも忘れないようにする。

最も重要なのは「苦情」という先入観をもたないことである。多くの対応事例が紹介されている東京都教育委員会「学校問題解決のための手引」（2010年3月），群馬県総合教育センター「トラブル防止マニュアル」（2009年3月）（どちらもインターネットで閲覧可能）を参考に，この問題を教職員全員で考えてみる機会を設けることをお勧めしたい。

2 不審者対策

　2001年6月に大阪の小学校で発生した児童殺傷事件（教員を含めた21人が死傷），2009年1月に東京の大学で発生した教員刺殺事件など，過去，学校現場に侵入した不審者により悲惨な事件が引き起こされており，児童・生徒の安全を守らなければならない学校にとって不審者対応はきわめて重要なリスク対策の1つである。本節では「不審者対応」をテーマに解説する。

1．防犯の基本は4つ

　不審者の侵入を防ぐためには，①被害対象の回避・強化（塀で囲む等），②接近の制御（入口を限定する等），③監視性の確保（監視する等），④領域性の強化（環境を整える等）の4つが基本となる。これは1999年3月，当時の建設省と警察庁が取りまとめた「安全・安心まちづくり実践手法」に基づく考えである。

　①被害対象の回避・強化とは，敷地を塀で囲む，建物に侵入されにくいよう頑丈な鍵や窓ガラスを使用するなど，接近自体を困難化する手法である。

　②接近の制御とは，入口を限定するなど，犯罪企図者が被害対象者に近づくことを限定する手法である。

　③監視性の確保とは，監視カメラや防犯灯の設置，警備員の配置など，多くの人の目を確保することで犯罪の発生を抑止する手法である。

　④領域性の強化とは，花を植えるなど，環境を整えて利用を活発にすることで犯罪を抑止する手法である。

幼稚園事務室の監視モニター

　これらの4つが満たされていないかぎり，不審者の侵入を完全に防ぐことはできない。誰もが自由にキャンパス内に出入りができる場合には，これに該当する。

2．平常時の対応は，声かけ・巡回，防犯器具・機器の設置，教育訓練

　前項で示した4項目を基本に，以下に示した具体策を教職員全員が実践することによって，不審者の侵入を防ぐとともに，万が一，侵入を許した場合でも不審者を早期に発見することができる。

(1) 声かけ・巡回

　不審者の侵入を防ぎ，犯罪を抑止するためには，来訪者には学内関係者と区別がつくようネームプレートの着用を義務づけ，教職員はネームプレート着用の有無にかかわらず来訪者に対して挨拶（声かけ）することが基本となる。早朝（朝練習時），夜間（放課後），休日などは教職員が少なくなるため，特に注意が必要な時間帯である。また運動会，文化祭など，多数の来訪者がくるイベントにも注意が必要である。

(2) 防犯器具・機器の設置

　防犯カメラ，さすまた（刺又），防犯スプレー等を効果的に配置することが基本となる。教職員は使用方法を熟知しなければ十分な効果を発揮しない。

(3) 教育・訓練

　すべての教職員に対して，不審者侵入時の役割，通報・緊急連絡の仕方，不審者を隔離する方法を周知徹底する必要がある。あわせて防犯器具・機器の使用訓練も行うべきである。

3．危機発生時の基本は警察が到着するまでの児童・生徒の安全確保

　不審者の発見，不審者侵入時など，危機発生時には以下の項目に沿って対応する。

(1) 不審者の発見

　不審者の特徴は，不自然な場所にいる，不自然な行動・態度をとっている，不自然なモノをもっている場合である。このとき，教職員は積極的な声がけを行う必要がある。その者が速やかに答えられない場合，不審者である可能性が高い。

(2) 不審者の隔離

　不審者を発見した場合，複数名での対応を基本に別室に誘導するなど，速やかに不審者を隔離しなければならない。別室については，建物の入口付近にあり，出入口が少ないことが望ましい。また対応者は速やかに避難できるよう，出入口を開放した上，入口側で対応する必要がある。

(3) **不審者を隔離できなかった場合の対応**

　不審者を隔離できず，不審者が加害行為に及ぶ懸念がある，または実際に行為に及んだ場合には，警察等と連携をとった上で，教職員は児童・生徒の安全確保を最優先した対応を行う。教職員は不審者を確保する必要はない。可能であれば警察が到着するまでの時間を確保することを念頭に置いた対応が求められる。具体策は以下のとおりである。

①不審者を児童・生徒に近づかせない

　教職員は不審者と児童・生徒の間に立つ，不審者を隔離できる場所に誘導する，不審者との距離を保つ，さすまた・机・モップや砂・石などで防御する，児童・生徒をパニックに陥らせないよう落ち着かせる対応が求められる。

②児童・生徒を安全な場所に誘導する

　構内放送や声かけによって，児童・生徒を安全な場所に誘導するのか，その場で待機させるのかを伝達しなければならない。なお伝達する場合，暗号化された文言で伝達するなど，不審者に悟られない伝達手段を用意しておくことも必要である。

③近隣施設等に連絡する

　不審者が近隣に逃走するケースもある。危機発生時には速やかに近隣施設，特に付近の学校関係に事実を連絡しなければならない。

(4) **保護者への情報提供，広報対応**

　関係者のプライバシーに配慮しつつ，保護者やマスコミに対して情報の提供を行うこととなる。

(5) 心のケア

事件発生後は児童・生徒の心のケアが必要となる。事件直後はもちろんのこと，1ヵ月後（PTSD），数ヵ月後（遅発性PTSD），1年後（アニバーサリー反応）に影響が生じることもある。継続的な対応が必要である。

4．求められる4つの基本項目の充実と危機発生時の対応態勢の構築

平常時の対応として，冒頭で述べた4つの基本項目（①塀で囲む，②入口を限定する，③監視する，④環境を整える）を漏れなく実践することが求められる。特に学年が低い児童・生徒が通う学校ほど，4つの基本項目への対応を強化する必要がある。加えて危機発生時の対応態勢の構築も行わなければならない。

なお，大学では上記4つの基本項目を満たすことができない場合が多い。少なくとも危機発生時，迅速に対応できる対応態勢を構築することが求められる。

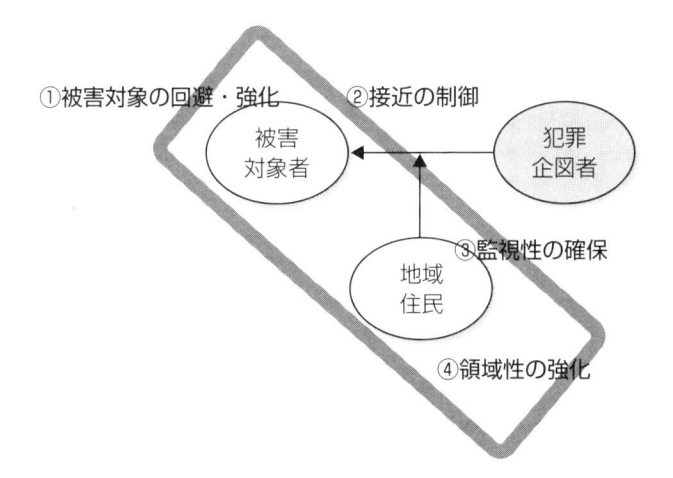

図表8-1　防犯の基本

①被害対象の回避・強化　②接近の制御
被害対象者　犯罪企図者
地域住民
③監視性の確保
④領域性の強化

（出所）建設省・警察庁「安全・安心まちづくり実践手法調査報告書」2009年。

3 自転車利用の法令順守

　道路交通法の改正により，悪質な運転者に対しては安全講習の受講が命じられることになっている。道路交通法上，自転車は「軽車両」と位置づけられていることもあり，警察による同法の適用厳格化も進んでいる。

　本節では自転車利用の多い学校・大学で，今後対策の強化が必要となる自転車の法令順守について解説したい。

1．警察による自転車運転に対する取り締まりの強化

　自転車による危険運転が社会問題化している状況の中，今回の道路交通法の改正を契機に，警察は自転車の危険運転等に対して取り締まりを強化しつつある。

　信号無視や2人乗り運転，飲酒運転，無灯火での走行，ブレーキの不備など，特に悪質な場合には交通切符（赤切符）が切られるケースが増えている。また携帯電話を使用しながら，あるいはヘッドフォンで音楽を聴きながら運転する場合でも，警察が危険運転と判断すれば同様の対応がとられることとなる。

　交通切符が切られて警察からの出頭要請に応じない場合，逮捕されることもある。2013年11月，ブレーキがない競技用自転車を公道で運転した男性が道路交通法違反の容疑で初めて逮捕された。男性は前年6月に交通切符を切られ，警察から合計7回の出頭要請を求められたが，応じなかったためである。

2．自転車事故による高額な賠償金支払いの事例

　当時小学5年生の少年が歩行中の女性に衝突，現在も意識不明の状態が続いている被害者に対して，神戸地裁は2013年7月の判決で，少年の母親

に9,520万円の損害賠償の支払いを命じた。

　自転車事故を起こして被害者にケガを負わせた場合，加害者は被害者に対して損害賠償金を支払う民事上の責任を負う必要があるほか，死傷させた場合には重過失致死傷罪などの刑事上の責任を問われることもある。

3．学校・大学に求められる自転車利用の法令順守の取組み

　学生の自転車利用に対する学校・大学の取組みは，①法令を順守させること，②事故を起こさせないこと，③違法駐輪・迷惑駐輪によって近隣住民に迷惑をかけないこと，の3つの観点で行う必要がある。

(1) 法令順守

　交通ルールを正しく理解させた上で，危険運転を行わないよう繰り返し周知徹底することがポイントとなる。

(2) 事故を起こさせないこと

　交通量や歩行者が多いところ，カーブや坂道，狭い道など通学経路で危険な箇所を示したキャンパス周辺の安全マップを作成して，学生に注意を促すことがポイントとなる。

(3) 違法駐輪・迷惑駐輪

　学生に対する意識啓発が主となるが，駐輪場以外での駐輪を繰り返した場合には駐輪場利用の許可を取り消すほか，シェアサイクルの導入によって自転車の数を抑制するといった対策をとっている学校・大学もある。

　その他，損害保険（自転車向け保険）への加入を促すことも重要である。自動車と同様に多額の賠償金支払いが生じる事故があり得ること，未成年であっても賠償金の支払いを免れることはできないことを，学生に対して啓発すべきである。

4．学生への周知徹底方法

　自転車の法令順守・安全運転に関するマニュアルの作成・配布，定期的な安全講習会の実施が基本となる。学生の入学式の際や自転車販売時の取組みも効果的である。

　マニュアルについては，①安全運転のポイント（スピードを出さない，危険運転を行わないなど），②自転車運転に関連する罰則，③キャンパス周辺の安全マップ，④事故発生時の連絡先，⑤事故発生時の学生に対する学校の処分などを盛り込むとよい。

　その他，講習会への参加を条件に自転車通学の許可を出す，保険への加入を条件にキャンパス内への自転車での入構を許可するなどの取組みによって効果を上げている学校・大学もある。

4 食物アレルギーへの対応

　2012年12月，食物アレルギーの小学生が学校給食を食べて死亡する事故が起きた。各学校ではこのような事故を二度と起こさないよう，取組みを強化しなければならない。学校は給食や課外活動，食堂のメニューのアレルギー表示には特に留意する必要がある。本節では「食物アレルギーへの対応」をテーマに解説する。

1．食物アレルギーとアナフィラキシーショック

　学校における食物アレルギーの対応指針については，2008年3月に「学校のアレルギー疾患に対する取り組みガイドライン」（以下，ガイドライン）として文部科学省が取りまとめている。これに先立ち，全国の公立の小中高・中等教育学校を対象に児童・生徒のアレルギー実態調査が行われている。この結果は2007年3月，「アレルギー疾患に関する調査研究報告書」として公表されている。

　食物アレルギーとは，「特定の食物を摂取することによって，皮膚・呼吸器・消化器あるいは全身性に生じるアレルギー反応」とガイドラインで定義している。

　一方，アナフィラキシーとは，「アレルギー反応により，皮膚症状，消化器症状，呼吸器症状が複数かつ急激に出現した状態」と定義しており，このうち呼吸困難や意識障害などを示す症状をアナフィラキシーショックと呼んでいる。きわめて短い時間のうちに重篤な状態となるのが特徴である。

　冒頭の事故はアナフィラキシーショックによるものである。食事をとった児童は約30分で「気持ちが悪い」と訴え，その後，約10分で意識がなくなり，5分後には呼吸や脈が確認できなくなった。搬送された病院で死亡

が確認されたのは，食事をとってからわずか3時間40分後のことだった。

2．学校での対応のポイント

　アレルギー疾患については，当該児童・生徒の担当教員だけではなく，学校全体がその状況を把握して適切に対処できるようにすることが求められる。対処を誤ると生命に影響を及ぼす重大なリスク事象の1つであることを認識しておく必要がある。対応のポイントは以下のとおりである。

(1)　児童・生徒本人の「自己管理能力」を育成すること

　自己管理能力とは，①食物アレルギーのもとになる食物を食べない（または量を調整する），②アレルギー発症時には直ちに周囲の人に知らせる，③緊急時の処方薬（アドレナリン自己注射薬，商品名「エピペン」）を注射する等，1人でも対処できるように理解させることである。

　学校は以上の3点を，保護者を含めて指導することが必要である。

(2)　学校全体で児童・生徒のアレルギーの状況を把握すること

　担当教員のみならず，その担当が不在のときでも対応できるよう，①学校全体で情報を共有することが必要である。また，②周囲の児童・生徒にもその状況を理解させる（アレルギー原因となる食物を食べさせない，アレルギー発症は命にかかわることもある，緊急時には周囲の人に知らせる）ことも必要である。

　アレルギーの症状を有する児童・生徒の情報を個別対応票として1枚のカードに取りまとめるとよい。原因食物，アナフィラキシーの既往の有無，処方薬，学校生活上で配慮が必要なこと（給食，食物・食材を扱う授業，校外学習・課外活動時），緊急連絡先などを盛り込むことで，緊急時でもスムーズに対応することができるようになる。

(3)　食事への対応に配慮すること

　給食を行っている学校の場合，①アレルギー原因をもつ食材を別の食材に変える「代替食」か，②原因食材を除く「除去食」，③「弁当」を持参させる，の3通りの対処方法がある。もっとも，配膳ミスや混入など，人為的なミスをゼロにすることはできない。次項に示す緊急時（アレルギー発症時）の対応を周知徹底することも重要である。

　栄養が偏るというデメリットもあるが，アレルギーの原因食物を可能なかぎり当該児童・生徒に食べさせないようにするため，給食のおかわりを禁止する，原因となる食材である卵や牛乳・乳製品を一切使わない，などの対応策を講じているところもある。

　なお一部の中学・高校や大学では，食堂形式で昼食を提供しているところもある。この場合，メニューのアレルギー表示や調理の過程における原因食材の混入には注意を要する。また校外学習や修学旅行の食事の対応にも給食同様，配慮を忘れないようにしたい。

(4)　菓子の交換，弁当のおかずの交換にも注意する

　遠足時のおかし交換も禁止すべきである。菓子にはアレルギー源が記載されているものの，児童が確実に判断できるとは言い難い。禁止することで，急性アレルギーにならないよう対処すべきである。弁当のおかずの交換も同様の理由である。

(5)　対応マニュアルを作成し，周知徹底すること

　アレルギー発症時の基本対応フローは次のとおりである。

　①当該児童・生徒の反応の有無を確認する。その上で，以下の②か③の対応をとる。

　②反応がない場合には，可能であれば「エピペン」の注射を行う。同時に119番通報，AEDの準備・実施を行う。「エピペン」の使用については，

本人が自ら注射できない場合，児童・生徒に代わって教員等が注射することは医師法違反にはならないと解釈されている。

③反応がある場合には，意識・呼吸・心拍などの状態の把握を確認した上で，症状が悪化している・中程度以上の症状がみられる・食物アレルギーでの症状悪化が予想される場合，救急車を要請する。

アナフィラキシーショックはきわめて短い時間のうちに重篤な状態に至る。上記対応をマニュアル化し，教職員に対してその内容を周知徹底することが重要となる。

なお本項では食物アレルギーについての対応フローについて解説しているが，アレルギーには気管支ぜんそく，アトピー性皮膚炎，アレルギー性結膜炎，アレルギー性鼻炎など，多くの種類がある。また，アナフィラキシーは運動や物理的な刺激で生じることもあることも付記しておきたい。

3．基本は原因食物を摂らせないこと，緊急時の対応を周知徹底すること

深刻な事故は，原因食物を含む食事を知らずに食べてしまう場合と，アレルギー発症時の適切な対応がなされなかった場合の2つのケースで多くみられる。前者の原因は，表示が漏れる，配食を誤る，周囲が理解しておらず注意喚起ができなかったなどである。

原因食物を摂らない（摂らせない）こと，緊急時の対応を誰もがとれる状況にすることが基本となる。

5　貴重書の管理

　学校・大学の図書館の目的は教育・研究の支援であり、閲覧と資料保存を両立させなければならない。2014年2月から3月にかけて関東近郊の図書館で「アンネの日記」や関連図書が破られる被害が相次ぎ、図書館における蔵書の管理の在り方が問われている。本節では蔵書のうちの貴重書（容易にはみられない、または入手し難い書物）の管理をテーマに解説する。

1．貴重書の損失

　貴重書の損失の発生形態は、大きく分けて①外部要因に起因する損失と②人的要因に起因する損失の2つがある。
　①外部要因に起因する主な損失は、劣化、虫や埃の付着、自然災害（地震、水害）、火災などである。一方、②人的要因に起因する損失は、汚損・破損、盗難などである。いずれにおいても、損失の発生防止、および損失発生時の補修等が必要である。
　損失の発生防止については、原因を踏まえた上での対応が必要である。

(1)　外部要因

①素材に起因する劣化と環境に起因する劣化
　劣化については、紙・布・糸・糊など素材に起因する劣化と、光・空気接触・不適正な温湿度など環境に起因する劣化がある。
　最も重視しなければならないのが、酸性紙が使用された貴重書への対応である。酸性紙は時間経過とともにボロボロになる。1850年頃から1980年頃まで使用され、特に和書では第2次世界大戦中の1940年代に多く使用されており、劣化を防止するために脱酸処理を行う、閲覧用にマイクロフィルムに撮影する、デジタル化する、といった対策が考えられる。

紫外線による劣化や不適正な温湿度変化による劣化への対応も必要である。前者は蛍光灯の不使用や窓に紫外線をカットするフィルムを貼ることなどで対応できる。後者は空調機の設置，天候によるブラインドの上下などで対応できる。空調機に関しては，休館日の稼働や停電時の対応も忘れてはならない。

②虫やほこりの付着への対応
　清掃，扉付書庫への保管が基本となる。特に虫の付着への対応は定期的な燻蒸が効果的である。

③自然災害への対応
　地震には落下防止，水害には上階での保存で対応する。なお，水損した場合，空気による乾燥，除湿による乾燥，真空で温度を0℃以下にして強制的な昇華で水分を取り除く真空凍結乾燥法などの方法で修復する。

④火災への対応
　消火活動に伴う水損に留意する。貴重書の書庫では，スプリンクラーではなくハロゲンガス噴射装置の設置が望ましい。

(2) **人的要因**
　汚損や破損は，切り取る，書き込む，ページを開いたまま本を重ねる，コピー時に本を大きく開く，飲食物で汚損するなど，貸出や閲覧時に発生することが多い。閲覧制限，複写制限，返却時の確認（付箋，しおり，錆防止のため金属しおりを除去）のほか，閲覧時の飲食禁止や筆記具の使用禁止（折れた芯のページへの挟み込みの防止）などで対応する。これらは貸出規程の策定などで対応するとよい。なお，蔵書印の使用など，管理上の汚損を最小限にすることも忘れてはならない。

盗難については閲覧制限や監視カメラの設置が効果的である。

2．貴重書の保存

　貴重書は，デジタル化やマイクロフィルム化による保存も検討しておかなければならない。

　デジタル化は，データをサーバに置くだけでよいため収納スペースが不要である反面，ライフサイクルの短いパソコンやソフトに依存するため，閲覧ができなくなるおそれがあるほか，データが読み込めなくなるリスクもある。一方でマイクロフィルムは，専用機器がないと閲覧ができない反面，閲覧ソフトに依存しないというメリットもある。保存において，いずれか1つの方法を選択するのではなく，貴重書の位置づけによって使い分ける必要がある。

3．貴重書の補修

　一方，損失発生時の補修（補強，代替，廃棄も含む）については，「図書館における保護と修復の原則」（IFLA（国際図書館連盟），1979年）では，①原形を尊重する，②使用する材料の安全性を確認する，③元に戻すことが可能な補修を行う，④補修経過を記録する，を留意点として取りまとめている。

4．貸出規程を策定して利用者の理解，協力を求める

　利用者の理解，協力があって初めて貴重書の適切な管理が可能となる。このためにも，①管理担当部署の明確化，②貸出の申請方法，③貸出許可の条件，④貸出不許可の条件，⑤その他（貸出期間，収集資料の保存期限，管理帳簿の作成，個人情報保護）を盛り込んだ貸出規程を策定して，利用者に周知徹底することも必要である。

6 学生・教職員の不祥事

　学生・教職員などの不祥事が発生したときの基本は，社会的な影響を考慮したうえで，第1章第1節の「3　危機発生時（事後対策）の共通ルールは1つ」に記載した対応をとる。

　すなわち「トップへの報告，本部設置，職員招集」，「事実確認」「情報の伝達」，「被害拡大の防止」，「広報対応」，「原因究明，再発防止策」，「関係者の処分」，「記録」を行う必要がある。

　ポイントは①可能なかぎり早く公表すること，②隠さないこと，③適切な時期に関係者を処分すること，の3点である。

　マスコミからの報道が公表より先行する場合，対応が後手に回ることになり，学校の対応に批判が集まるので注意が必要である。

主なリスク事例―学校におけるさまざまなリスク

分類	学校	事件例
不審者	小中高	・下校中の児童，刃物で切られる ・運動会開催中の学校前で車が逆送。人をはねる ・ホームページに爆破・誘拐予告。運動会延期 ・高校生が刃物を持ち立籠もり。2時間後，確保
	大学	・敷地内スイミングスクールに火炎瓶 ・付近で拳銃持った男が立て籠もり，休講 ・「爆弾を仕掛けた」脅迫電話で学生教職員一時避難 ・学生が学校に爆破予告。威力業務妨害で逮捕
アレルギー	小学校	・児童の給食のゴマにアレルギー。病院に搬送 ・児童の給食のチーズでアレルギー。病院に搬送
食品事故	小中高	・給食のプラムの種を喉に詰まらせ死亡 ・給食で食中毒，ノロの集団感染，パンに針が混入 ・京都に修学旅行中，食中毒
	大学	・学生食堂で食中毒
学生・教職員の不祥事	小中高	・入学式の夜，着任したばかりの教頭が酒気帯び運転で事故，逮捕 ・小学校の免許で中学に，中学校の免許で小学校に教える。中高一貫校で免許の理解の不備 ・教師免許失効のまま授業を継続 ・教員免許失効の講師が授業，単位無効 ・高校生，脱法ハーブ吸引，下校中病院搬送 ・入試で採点ミス ・出版社，検定中の教科書を教員らに見せて謝金を支払う
	大学	・学生，コピーカードを変造して使い回し ・学生，海外の施設で落書き ・学生，大麻取締法違反で逮捕 ・学生，レジャー施設で迷惑行為 ・教員，酒酔い運転容疑で逮捕 ・教員，入試監督で居眠り，いびき。受験生から苦情 ・教員，機器納入の入札に談合の関与 ・教員，司法試験委員が試験前に問題教える。委員解任 ・教員，テキストをコピーして有料で学生に配布 ・教員，無断欠勤で授業を行わず ・教員，Wikipediaに虚偽事実の記載 ・教員，経歴詐称で懲戒解雇 ・教員，公平性を欠く筆記試験の採点 ・教員，学長印不正使用し高額機器を購入

その他	小中高	・学校行事中に男女の児童が不明。翌日保護 ・遠足で業者がバスの手配を失念，中止 ・スキー合宿中，ホテルに預けた現金，貴重品などが盗難 ・通知表に評価数等を誤記載 ・大規模停電で休校，または短縮授業
	大学	・アメフト部の学生，飲酒中に心肺停止 ・学生，サークルの合宿で飲酒後死亡 ・教員，海外で一時不明 ・職員，約1億円を着服。消耗品の名目 ・詐欺事件に偽造学長印が使用される ・キャンパスの移転に対して学生が訴訟を提起 ・水道管誤接続，飲用目的としない水が提供される ・前期授業中止のウソの告知，掲示される ・卒業証書記載ミス ・別大学の「教育理念」を無断で引用 ・卒業試験判定に誤り，学生が留年 ・卒業できない学生の保護者に卒業式案内状を送付 ・付属校にやらせ受験 ・キャンパスで異臭，休講 ・他大学のホームページの内容を無断引用

資 料

東日本大震災の記録

1　石巻専修大学

　同大学では東日本大震災の対応状況を「東日本大震災　石巻専修大学報告書（2012年3月発行）」（2015年度の第5号が最終号で全5号）に取りまとめている。
　本節では、2012年3月発行の「1　その時、大学は」から、学内の経過に関する部分から一部抜粋（p.24～p.31）したものである。

3月11日（金）1日目

14：46　東北地方太平洋岸沖でマグニチュード9.0の地震が発生。電気、電話が止まる。

15：00　学内に災害対策本部を設置。構内放送により、食堂前の中庭に集合するように呼びかける。その後、雪が降ってきたため、本館1階ロビー前に移動。校舎・施設の維持管理を行う中央監視室が、学内の損傷状況確認作業を開始。

15：50　ラジオの緊急放送から大津波警報が発令されたことを受けて、学生を5号館3階に移動するよう指示。

16：30　近隣地域住民が本学に避難してくるようになる。

16：50　学生、教職員に非常電源のある本館2階に移動するよう指示。

17：30　一部の教職員に帰宅許可を出す。安否確認を含め学内に残っている学生、教職員のリストを作成する。

17：40　学生、地域住民を正式に受け入れ開始。

18：30　備蓄していた非常食と水、学内にあった毛布を学生、教職員に配布。

21：00　教職員に帰宅許可・解散の指示を出す。帰宅できない教職員に対して、職員は本館1階、教員は2階教員室などを宿泊場所として決める。地域住民の宿泊者リストを作る。

東日本大震災の記録 資 料

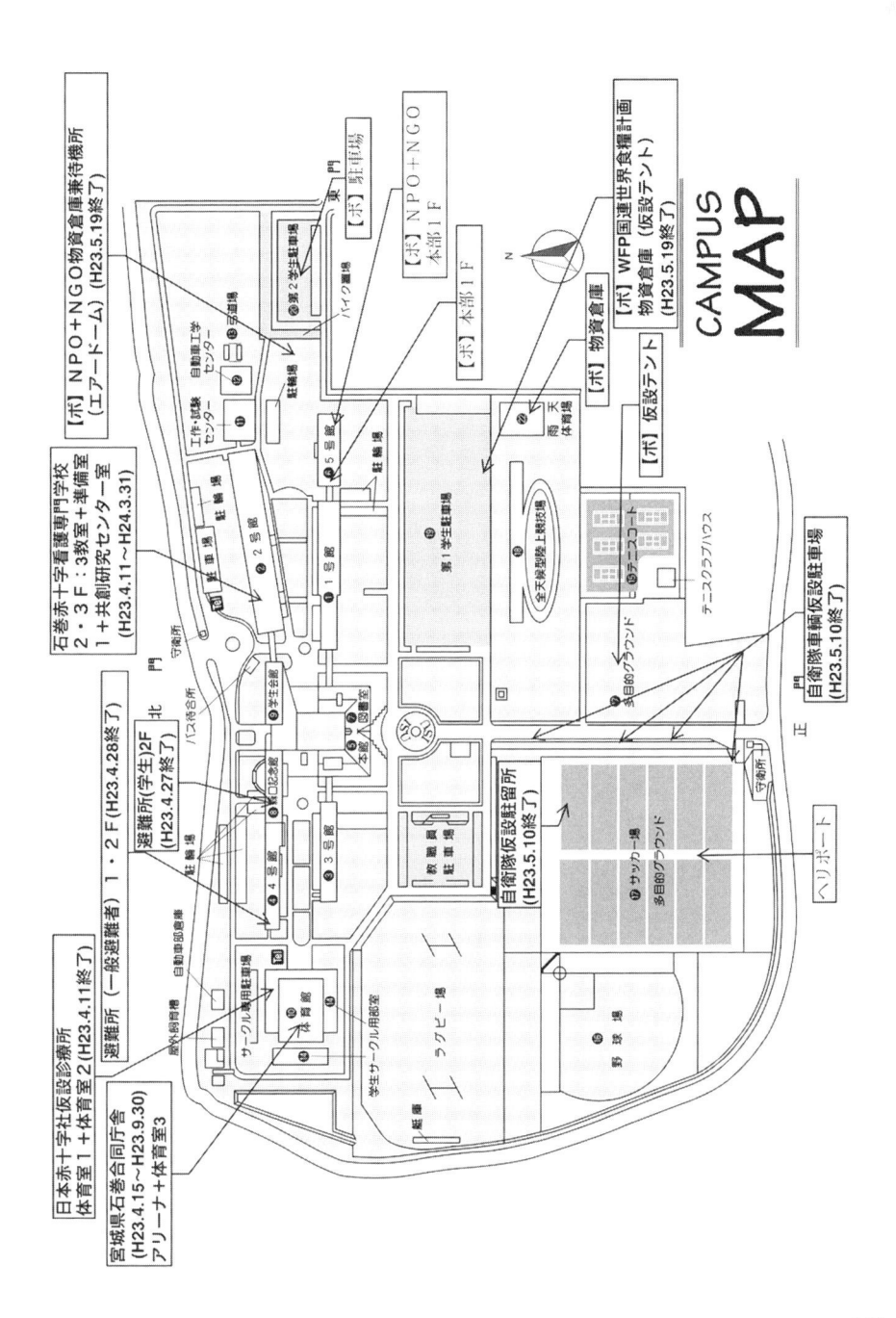

CAMPUS MAP

3月12日（土）2日目
午前中　事務職員は役割分担を行うためにグループを編成（ローテーションによる事務室待機当番・名簿作成等）。
　　　　薬品類が置かれた実験室がある1号館・2号館の封鎖を指示。
　　　　仮設トイレ設置（5基）。
　　　　学生，教職員の安否確認情報を収集するサイトを専修大学（東京・神田）に公開。
12：10　全学生，教職員の安否確認開始を指示。
15：50　避難場所を学生・教員は本館2階，一時避難者（地域住民含む）は本館3階フロア・1階ロビーと決める。
　　　　自衛隊のヘリコプターがグラウンドに着陸。避難者を本館3階フロアに誘導する。

3月13日（日）3日目
午前中　教員に対して，各自が管理している薬品類の確認を行うように指示。（この頃，学内にいる避難者（学生，教職員，地域住民）は約700人。）
18：00　自衛隊より，避難者救助の搬送先として本学の一部施設使用を要請される。
18：30　自衛隊より食糧の物資供給あり。
20：00　学内の懸案事項について協議。当面の行事，イベントを中止することを決定。

3月14日（月）4日目
午前中　事務職員は役割分担を行うためにグループを編成（水の確保，食糧調達，名簿作成等）。
　　　　学生部が学生のグループ分けを指示する。
10：00　ソフトバンクが学内で携帯電話の貸与，充電サービスを含めた通信サ

図書館　　　　　　　　　　ボランティアのテント

　ービスを開始（大学周辺では13日深夜から通信サービスを開始していた）。
　地域住民が避難している4号館については，石巻市が責任をもって対応することに決まる。石巻市より，仮設トイレ6基が届く。
13：00　大学バスを仙台駅周辺まで運行し，在仙の学生を送り届ける。
14：00　石巻赤十字病院院長が来校し，仮診療所としての施設借用を要請される。
14：30　石巻市長が来学し，避難民受け入れとボランティアセンターとしての施設借用を要請される。
　本学対策本部より石巻市に食糧，水，トイレの手配を要請。
22：00　石巻赤十字病院より患者約20人を受け入れる。その後，手術直後の患者も受け入れるようになる。
　いまだインターネット不通のため，専修大学（東京・神田）のホームページを経由して，情報発信を開始（一般入試B日程3月22日中止）。あわせて，安否確認情報の掲出を開始した。

3月15日（火）5日目
　キャンパス内に石巻社会福祉協議会により，災害ボランティアセンターが立ち上がる。
　NTTによる衛星回線を利用した特設公衆電話（発信専用）が設置される。

3月17日(木) 7日目
　本学専任教職員全員の安否確認を終了。学生は約2割の確認が終了。

3月18日(金) 8日目
　平成22年度第25回学部長会議を急きょ開催し，震災に関する懸案事項を審議する。
　①学事日程の取扱いを，新聞発表用に内容を書き換えマスメディアにできるだけ周知する。
　②平成22年度学位記授与式は中止として，学位記を配布のみとする。
　③平成23年度入学式は延期とする。
　④震災復興の状況を踏まえ平成23年度学事歴等を継続的に検討する。
　⑤震災被災者支援に係わる特別措置として，災害見舞奨学生を在学生，平成23年度および平成24年度受験生および入学生に適用する。罹災・被災証明書の発行が難しい場合には，地域を特定して対処する。
　⑥東日本大震災に伴う平成23年度入学試験の対応案として，一般入学試験B日程を特別措置による入学試験を振り替える。大学入試センター試験入試・AO入試C日程・指定校推進入試C日程・石巻地域高等学校特別入試C日程の実施は，入学試験委員長に一任する。
　⑦入学試験受験票の未発送または受験票紛失等により本人である確認をと

震災前と変わらぬキャンパス風景　　　5号館に設置された災害ボランティアセンター

ることができない場合，本院の申し出を信頼することとして対応する。
⑧平成23年度入学試験に関するホームページ提出原稿案について，一部の文章を訂正し，特別措置による入試およびセンター入試Ｃ日程を追加し，ホームページに掲出する。
⑨平成23年度入学試験日および合格発表日は変更する。
⑩河北新報（3月17日付）に掲載された記事の紹介。

3月19日（木）9日目
　石巻大橋臨時発着場―仙台駅前間の臨時バスが1日4往復，運行を開始し，本学避難所を後にする学生が多くなる。

3月20日（木）10日目
　電気復旧。

3月22日（火）12日目
　電話復旧。インターネット復旧。大学ホームページを再開し，情報を発信する。

2　宮城学院

　同学院では東日本大震災の対応状況を「学校法人宮城学院　東日本大震災の記録（2012年8月発行）」に取りまとめている。
　本節は，「3　学生生徒園児への対応」から，一部抜粋（p.10～p.23）したものである。

1．大学・大学院

3月11日（金）1日目

　　地震発生時，学位記授与式で着用するガウン貸出が行われていたため，卒業・終了学年を中心に学生がキャンパスにいたが，軽い怪我人が1名だった。

　　教職員の引率の下で避難場所の中央広場に学生約300名，教職員100名が整然と避難。16時頃，建物の被害状況を確認し，安全性が高いと思われる大学体育館へ学生を移動させた。最終的に250名程度の帰宅困難学生が，大学体育館に宿泊することになった。

　　大学体育館では，自家発電による灯りと2台の大型ストーブで暖をとり，体操用マットの上に合宿所から運び入れた布団や毛布等を敷き寝具としたが，広い体育館はとても寒く，冷え切った身体を寄せ合いながら不安な一夜を過ごした。

　　ライフラインが止まっていたため，宮城県沖地震のために備蓄していた食飲料水と宮城学院生協店舗から提供された食料品等で凌ぎ，トイレの水は温水プールにあった水を使用しながら過ごした。

3月13日（日）3日目

　　帰宅可能な学生を帰宅させ，残る学生（20数名）を学生センター合宿所

に移した。教員，副手が泊まり込み，食事提供を行った。

3月14日（月）4日目
　学内避難学生23名，食事のみ立ち寄り4名，大学寮残寮25名。20時30分頃，電気が復旧した。

3月15日（火）5日目
　第一回全学院緊急対策本部会議（法人）が行われ，建物ごとの損傷の具合と設備等の状況の報告と今後の対応について説明がされ，3月中は学生生徒の登校を可能なかぎり避けることが決定したことから，学位記授与式を含む3月の行事をすべて中止することを大学としても決定し，証書等は原則郵送へ方針変更した。

建物内の破損

実験室（戸棚・実験機器の転倒・落下）

大学体育館（3月12日午後）

電気復旧によりＨＰ更新作業が回復したことから，学部生3,464名，大学院生28名の安否確認を開始した。

3月17日（木）7日目
　安否情報の整理が進み，未確認分は学科により2％から20％になった。

3月18日（金）8日目
　学長協議会を10時から行い，新学期の開始日およびガイダンス期間のスケジュール等について決定した。
　〈決定事項〉5月2日入学式，5月9日授業開始し，前期13週＋必要なら補講

2．中学校・高等学校

　緊急放送により生徒および教職員に避難指示を行い，強い揺れが収まった後，頭上の安全等に注意を払いながら避難経路に従ってグラウンドに避難した。その後，中学高等学校の施設の中で最新であり耐震性に問題がないと判断し，二次避難場所としてランディス館に移動した。

　防災ラジオで情報を得ながら備蓄品の確認を行い，電源は自家発電機で確保することにより，照明・暖房・情報の確保や携帯電話の充電をすることができた。日没前に食料と飲料水，懐中電灯，トイレ用水（ピアノ池の水）などを準備することができた。

　食料については災害備蓄用のほか，校内にある宮城学院生協に在庫がある食品の提供をお願いし，中高食堂からも食材が提供された。3月11日の夜の食事は備蓄食糧のアルファ米と缶詰を提供した。

　本校では，災害における生徒の帰宅に関しては，保護者への直接引き渡すことになっており，全員の帰宅が完了したのは3月17日であった。

(帰宅困難者の動向について)

日　時	中学生	高校生	教職員
3月11日　21：00	51名	83名	54名
3月12日　　6：00	47名	74名	34名
3月12日　21：00	3名	12名	26名
3月13日　　9：00	2名	10名	26名
3月13日　21：00	1名	6名	9名
3月14日　　9：00	0名	6名	9名
3月17日　17：00	0名	0名	0名

(保護者への情報発信)

日　時	内　容
3月11日　15：51	校内生徒の無事，および保護者による生徒引取りの要請
3月12日　20：01	3月19日まで臨時休校，卒業式中止，学校再開についてはメディア・メールで連絡
3月14日　12：40	安否所在確認
3月15日　13：01	携帯ホームページ，今後の予定メール取得方法の案内
3月15日　20：39	3月中の行事中止
3月18日　12：48	中学校卒業式，終業式中止，新年度開始は4月下旬の予定

3．附属幼稚園

3月11日（金）1日目

　　スクールバス2便目の出発直後に地震が発生。園内には預かり保育利用園児4名が残っていた。揺れが収まった後，園庭に職員6名で避難させた。園庭にはマット，シート等を敷き保温に努めた。外部との連絡を3名で行ったが，停電のため連絡はとれなかった。

　　スクールバス（かんがるー号）1便目は園児8名を乗せ走行中であった。激しい揺れを感じた添乗の教諭は幼稚園に携帯電話で連絡を入れた。防火・防災管理者は，「揺れが落ち着いたら園に戻る」ように指示をした。バスは園に戻り，園児8名を園庭に避難させた。園に残った園児は12名となった。

もう１台（こあら号）の１便目は，５名の園児を乗せ走行中であった。添乗していた教諭からの連絡はなく，バス無線を使って連絡をとってもらったが応答はなかった。

15時40分　教頭と教諭１名は，かんがるー号コースのバス停で待っている保護者の有無を確認するため自家用車で，各バス停に向かった。どのバス停にも保護者は待っていなかったことを確認した。職員は，バス車内で園児対応３名，台所・保育室の状況確認５名（１名は帰宅）に分かれて行動した。

16時10分　全員を送り届けて戻った，こあら号のバスも，そのまま園舎前で待機した。

17時00分　15時20分頃から保護者が来園し始め，17時までには９名が帰宅した。

17時30分　最後の園児１名を保護者に引き渡した。

17時55分　職員帰宅。

3月12日（土）2日目

　　学長と相談し，連絡網が使えるようになるまで，しばらく休園するという内容をラジオで放送することに決めた。

3月15日（火）5日目

　　電気が使用可能になったので保護者へメール配信し安否所在確認をした。
　　第１回全学院緊急対策本部会議が開催され，今後の日程について検討した。
　　〈今後の日程案〉16，17日は学院休業，22～26日園児立ち入り禁止，29日修了式（５歳児のみ），30日終業式（３，４歳児）

3月18日（金）8日目

　　上下水道が使用可能となった。

3月19日（土）9日目
　3月18日付で幼稚園のホームページが更新されたため，園長と教頭で，修了式，終業式の日程と23日付の新入園児オリエンテーションの中止も含めてホームページを更新した。

3月22日（火）12日目
　電話が使用可能となった。

3　福島県立いわき海星高等学校

　同校は福島県唯一の津波で被災した高等学校である。2014年9月，東日本大震災の写真による記録を「東日本大震災復旧工事落成記念～震災から復興へ～」に取りまとめている。

1．東日本大震災発災直後の対応

　震災が起きたのは入試の判定会議中であった。生徒は入試期間中ということもあり，登校していなかった。

　教職員全員が同じ会議室にいたこともあり，発災後5分で屋外の駐車場に避難した。その後，安否確認を行った上で，高台にある高校（小名浜高校）に徒歩で移動した。15時過ぎには避難は完了した。同校は，大津波警報が発表された場合，まずは校舎の3～4階に移動，時間的な余裕がある場合には小名浜高校に移動することになっていた。津波が校舎に押し寄せたのは15時半頃であった。校舎の1階部分は水没した。

　震災の翌日，4割程度の職員が出勤し，生徒の安否確認を開始した。災害時優先電話や避難所を確認することで約300名の安否確認を行った。1日目で約8割を終え，3日間で概ね完了した。

2．復旧対応

　固定していないものが多かったため，重要書類が入った金庫が流されたほか，展示物などのガラスケースも破損した。このため最初に行ったのは重要書類の復旧，重要データ（パソコン）の復旧，片づけであった。書類，データについては概ね回復することができた。

　授業については，4月に入っても電気，水道が使えず，トイレも使えなかったため，校舎を使うことができず，近隣の小名浜高校の空き教室を利用して1

東日本大震災の記録　資　料

校舎 　　　　　　　　　　　正面昇降口

校内 　　　　　　　　　　　校内

週間遅れで再開した。この状況は2学期まで続いた。
　震災を経験して，大きな地震が発生した場合には津波を想定し，まずは校舎の3～4階以上または高台への移動を危機管理マニュアルのとおり迅速に行うこと，金庫やガラスケースなどは危険のないように着実に固定しておくこと，の2点を教訓として示した。

173

地震対応マニュアル（サンプル）

学校・大学共通のマニュアルです。必要に応じて内容を取捨選択してください。

フローチャート

	1 教員	2 自衛消防隊	3 対策本部
	教室等での対応	現場での対応 （実働）	対策本部での対応 （判断・指示）

発災直後

教員：（授業中）本部からの指示があるまで、学生をその場で待機させる

自衛消防隊：
①通報連絡班
・災害発生を伝達（周囲，本部）
・119番通報
・消防に引継ぎ

対策本部：情報収集，本部設置を判断

a 災害対応部門
【　　　　　】部
担当：＿＿＿＿＿＿
内線：＿＿＿＿＿＿

発災後30分以内

②消火班
・出火場所の確認
・初期消火

③応急救護班
・救護所設置
・応急救護
・負傷者搬送

④避難誘導班
・避難誘導
・逃げ遅れの確認
・危険箇所の封鎖

災害対策本部
①災害対策本部の設置
②情報収集
　TV，ラジオ
　現場に人を派遣
③学生の避難
④安否確認
⑤応急救護
⑥帰宅判断
　（保護者への引渡し）
⑦備蓄品の配布
⑧近隣住民の受入れ判断
⑨業務継続対応
⑩他キャンパスとの情報共有
⑪広報対応

地震対応マニュアル（サンプル）

１．発災直後の対応（教員の教室での対応）

①教室の場合
- ☐ 発災直後，机の下に隠れるか，カバン・衣類で身を守るよう学生に指示する
- ☐ 災害対応部門（災害対策本部）からの指示（放送，呼びかけ）があるまで，その場で学生を待機させる
- ☐ ただし，火災発生，校舎の耐震性に疑問がある場合は安全な場所に避難させる

②体育館の場合
- ☐ 照明や天井が落下するおそれがあるので，柱や壁際によって身を守らせる。または，中央に集合し，体を低くするように学生に指示する（体育館の構造によって，対応が異なる）。
- ☐ 災害対応部門（災害対策本部）からの指示（放送，呼びかけ）があるまで，その場で学生を待機させる
- ☐ ただし，火災発生，体育館の耐震性に疑問がある場合は安全な場所に避難させる

③グランドの場合
- ☐ 発災直後，建物から離れ中央に集合させ，体を低くするよう学生に指示する
  ガラス飛散範囲は建物高さの約1/2である
- ☐ 災害対応部門（災害対策本部）からの指示（放送，呼びかけ）があるまで，その場で学生を待機させる

【耐震性に問題のある校舎の一覧】

校舎名	避難経路・方針	備考
（凡例） 第〇校舎	避難誘導班が避難を指示する 南北の階段を使い，１階から順次，屋外に避難する	震度５強以上の場合，耐震性に問題あり

2．自衛消防隊の対応

①通報連絡班
- □ 現場で活動拠点を設置。消火班，避難誘導班，応急救護班の活動状況を集約し，災害対応部門（災害対策本部）に随時，連絡する

> a 災害対応部門
> 【　　　　　　　　】部
> 　担当：＿＿＿＿＿＿＿＿＿＿＿＿＿＿＿＿＿＿＿＿＿＿＿＿＿
> 　内線：＿＿＿＿＿＿＿＿＿＿＿＿＿＿＿＿＿＿＿＿＿＿＿＿＿

> b 災害対策本部（第1順位）
> 　本部設置場所：＿＿＿＿＿＿＿＿＿＿＿＿＿＿＿＿＿＿＿＿
> 　内線：＿＿＿＿＿＿＿＿＿＿＿＿＿＿＿＿＿＿＿＿＿＿＿＿＿

> c 災害対策本部（第2順位）
> 　本部設置場所：＿＿＿＿＿＿＿＿＿＿＿＿＿＿＿＿＿＿＿＿
> 　内線：＿＿＿＿＿＿＿＿＿＿＿＿＿＿＿＿＿＿＿＿＿＿＿＿＿

- □ 避難誘導方針を災害対応部門（災害対策本部）から確認，避難誘導班に指示する
- □ 消火班の要請によって，119番通報する
- □ 消防が到着した場合，これまでの状況を報告，以降の対応を引き継ぐ
- □ 応急救護班から，重体者を搬送すべき近隣の医療機関の照会を受けた場合，災害対応部門（災害対策本部）に，連絡，対応方法を確認する
- □ 災害対応部門（災害対策本部）の指示があるまで，職務を継続する

②消火班
- □ 火災発生を確認，消火器で初期消火を行う
- □ 火災発生の場合，通報連絡班に119番通報を依頼する
- □ 対応を随時，通報連絡班に報告する
- □ 災害対応部門（災害対策本部）の指示があるまで，職務を継続する

③応急救護班
- [ ] 安全な場所に応急救護所を設置，医療関連の備蓄品を揃える

> d 応急救護所設置場所
> 本部設置場所：＿＿＿＿＿＿＿＿＿＿＿＿＿＿＿＿＿
> 内線：＿＿＿＿＿＿＿＿＿＿＿＿＿＿＿＿＿＿＿＿＿

- [ ] 負傷者の応急手当を行う
- [ ] 負傷者を応急救護所まで運ぶ
- [ ] 重体の場合，近隣の医療機関への搬送を行う
  搬送すべき近隣の医療機関は通報連絡班に確認する
- [ ] 対応を随時，通報連絡班に報告する
- [ ] 災害対応部門（災害対策本部）の指示があるまで，職務を継続する

④避難誘導班
- [ ] 学生の避難誘導を行う。避難先では指示があるまで，待機させる
- [ ] 校舎から避難する場合，下階から上階へと順に避難誘導する。この場合，将棋倒し，防火扉，防火シャッターの閉鎖に注意する
- [ ] 逃げ遅れを確認する
- [ ] 危険箇所を封鎖する
- [ ] 対応を随時，通報連絡班に報告する
- [ ] 災害対応部門（災害対策本部）の指示があるまで，職務を継続する

【一時避難先一覧】

校舎名・グラウンド	避難経路・方針	備考
（凡例） 第○グランド	第○校舎，第△校舎避難先	○○人収容

3．災害対策本部での決定事項

①災害対策本部の設置
- [ ] 震度_____以上，または_____の指示のもと，災害対策本部を設置する
- [ ] 本部設置は以下の場所とする

> b 災害対策本部（第1順位）
> 　本部設置場所：
> 　内線：

> c 災害対策本部（第2順位）
> 　本部設置場所：
> 　内線：

- [ ] 災害対策本部長は_____とする
    不在時等の場合，以下の順位で本部長を代行する

> 第1順位
>
> 第2順位

- [ ] 災害対策本部では，以下の業務を判断し，現場に指示する
    判断のための情報収集は分担（班構成など）して行なう
    ②情報収集，③学生の避難，④安否確認，⑤応急救護，⑥帰宅判断（保護者への引渡し），⑦備蓄品の配布，⑧近隣住民の受入れ判断，⑨業務継続対応，⑩他キャンパスとの情報共有，⑪広報対応
- [ ] 災害対策本部要員以外の教職員は，原則，以下の対応とする

> △帰宅，または学内待機をお願いする
> △可能なかぎり対策本部要員のスタッフとしてお願いする

②情報収集
- [ ] 情報収集源を確保する
    - テレビ（乾電池式テレビ，ワンセグ携帯）
    - ラジオ（乾電池式ラジオ，カーラジオ）
    - インターネット（ＰＣ，携帯電話）
    - 現場（周辺状況，敷地内）への教職員の派遣
- [ ] 情報収集を行う。収集した情報は，学生などの帰宅判断，近隣住民の受け入れなどの判断材料に用いる
    - 学外の状況
        - インフラの状況（電気，ガス，水道，通信）
        - 交通状況（鉄道，バス），周辺の被災・火災状況
    - 学内の状況
        - インフラの状況（電気，ガス，水道，通信）
        - 建物の被災状況，危険箇所

③学生の避難
- [ ] 校舎，グラウンドの安全性（崩壊，火災発生の有無）を確認する
- [ ] 安全性の確認がとれた校舎・教室の収容人数を考慮し，避難させる
- [ ] 避難先では学生の安否を確認させる
- [ ] 避難先の学生には，教室を離れる場合は必ず連絡するよう徹底させる
- [ ] 夜間宿泊することになった場合，男女の区別，近隣住民との区別，警備を考慮させる
- [ ] 対応を随時，対策本部に報告させる

④安否確認
- [ ] 避難先では学生の安否を紙で確認させる
    - 氏名，学年，所属，学生番号
    - 今後の行動予定（帰宅，待機）
    - 移動手段（鉄道，徒歩），移動先の住所，連絡先
- [ ] 安否情報は災害対策本部に集約させ，一元管理する

⑤応急救護
□ 安全確認を行ったのち，以下の場所に応急救護所を設置する
　安全の確認がとれない場合，第1順位の設置場所に変更する

> d 応急救護所設置場所
> 　本部設置場所：＿＿＿＿＿＿＿＿＿＿＿＿＿＿＿＿＿＿
> 　内線：＿＿＿＿＿＿＿＿＿＿＿＿＿＿＿＿＿＿＿＿＿＿

> 応急救護所設置場所（代替設置場所）
> 　本部設置場所：＿＿＿＿＿＿＿＿＿＿＿＿＿＿＿＿＿＿
> 　内線：＿＿＿＿＿＿＿＿＿＿＿＿＿＿＿＿＿＿＿＿＿＿

□ 医療関連の備蓄品を揃える
□ 重体者の受入可能な，近隣の医療機関を確認し，応急救護所に連絡する

> 近隣の医療機関①
> 　【　　　　　　　　　】
> 　住所：＿＿＿＿＿＿＿＿＿＿＿＿＿＿＿＿＿＿＿＿＿＿
> 　連絡先：＿＿＿＿＿＿＿＿＿＿＿＿＿＿＿＿＿＿＿＿＿

> 近隣の医療機関②
> 　【　　　　　　　　　】
> 　住所：＿＿＿＿＿＿＿＿＿＿＿＿＿＿＿＿＿＿＿＿＿＿
> 　連絡先：＿＿＿＿＿＿＿＿＿＿＿＿＿＿＿＿＿＿＿＿＿

□ 対応を随時，災害対策本部に報告させる

⑥帰宅判断（保護者への引渡し）
□ 中学生は保護者に引渡し，高校生も遠隔地の場合は保護者への引渡しを原則とする。
□ 学生が近隣に居住している場合，集団下校も選択肢とする。ただし，保護者が不在の場合，学校で待機させる等，慎重に対応する。

⑦備蓄品の配布
- ☐ 食料，水（1人1日2〜3ℓ必要），毛布の配布可能数を確認する
- ☐ 自動販売機の開放を検討する（開放する，開放しない）
- ☐ 学生，近隣住民の避難者数を確認し，備蓄品の配布方針を決定する
- ☐ トイレの使用の可否を判断，必要に応じて使用禁止を明示し，備蓄用トイレを用意する。

> 備蓄品の配布方針
> △学生，近隣住民など，すべての避難者に配布する
> △学生のみに配布する
> △その他（　　　　　　　　　　　　　　　　　　　　　）

⑧近隣住民の受入れ判断
- ☐ 地元自治体との取り決め（協定）の有無が対応の前提となる
- ☐ 校内の学生の数，備蓄品の数，校舎の収容可能人数を考慮し，近隣住民の受入れの可否を判断する
- ☐ 近隣住民を受け入れる場合，学生との区別，防犯面を考慮する

⑨業務継続対応
- ☐ 学内で不可欠な業務を優先的に復旧させる

> △経理部門
> △システム部門
> △その他（　　　　　　　　　　　　　　　　　　　　　）

- ☐ 学内行事の実施方針（中止，延期など）を決定する

> △入学試験　　　　　（中止，延期）
> △入学式　　　　　　（中止，延期）
> △卒業式　　　　　　（中止，延期）
> △定期試験　　　　　（中止，延期）
> △授業　　　　　　　（＿＿＿日まで休講）
> △オープンキャンパス　（中止，延期）
> △学園祭　　　　　　（中止，延期）
> △その他（　　　　　　　　　　　　　　　　　　　　　）

⑩他キャンパスとの情報共有
- ☐ 他キャンパスの被害状況，被害人数に加え，対応事項を確認する
  確認した時間も付記する
- ☐ 必要に応じて対応方針を指示する
  ・学生の集団下校，近隣住民の受入れ，学内行事の実施など

⑪広報対応
- ☐ 広報対応は災害対策本部に一元化する

（学内対応）
- ☐ 授業，定期試験，学外行事等を随時，学生・教職員に提供する
  学内掲示板，イントラネット，学外ホームページ，SNSなどを活用する
- ☐ 留学生がいる場合には配慮する。

（学外対応）
- ☐ ポジションペーパー（情報，対応方針を集約化したもの）を作成する
- ☐ 外部からの照会に対してはポジションペーパーに沿った回答を行う
- ☐ 外部からの照会事項は，必ず記録する
  （対応事項，対応者，照会先，日時など）

⑫その他
- ☐ 学内の重要資産，書類の保管状況を確認，盗難，紛失への対策を行う

以上

参考文献

石巻専修大学『東日本大震災 石巻専修大学報告書』(http://www.senshu-u.ac.jp/ishinomaki/isocial/fukkou/shinsai_report.html〔最終閲覧日：2016年2月21日〕)。

NPO法人学校経理研究会『学校法人』2012年11月号～2014年12月号。

群馬県総合教育センター「トラブル防止マニュアル～保護者の信頼を得るために～」(www2.gsn.ed.jp/houkoku/2008c/08c05/kenkyuhokoku.pdf〔最終閲覧日：2016年2月21日〕)。

公益財団法人 日本体育協会『スポーツリスクマネジメントの実践―スポーツ事故の防止と法的責任―』2015年 (http://www.japan-sports.or.jp/Portals/0/data/kurabushien/risk_webbook2015/#page＝1〔最終閲覧日：2016年2月21日〕)。

京都市「学祭衛生管理マニュアル」2011年 (http://www.city.kyoto.lg.jp/hokenfukushi/page/0000164249.html〔最終閲覧日：2016年2月21日〕)。

柴健次，太田三郎，本間基照編著『大震災後に考える リスク管理とディスクロージャー』同文舘出版，2013年。

東京都教育委員会「学校問題解決のための手引」(http://www.kyoiku.metro.tokyo.jp/press/pr100128g.htm〔最終閲覧日：2016年2月21日〕)。

日本トイレ研究所『地震時におけるトイレ機能確保のための調査研究』(http://www.toilet.or.jp/dtinet/gaiyo.pdf〔最終閲覧日：2016年2月21日〕)。

松澤孝明「わが国における研究不正 公開情報に基づくマクロ分析 (1)」『情報管理』vol.56, No.3, pp.156-165, 2013年 (https://www.jstage.jst.go.jp/article/johokanri/56/3/56_156/_pdf)。

松澤孝明「わが国における研究不正 公開情報に基づくマクロ分析 (2)」『情報管理』vol.56, No.4, pp.222-235, 2013年 (https://www.jstage.jst.go.jp/article/johokanri/56/4/56_222/_pdf)。

吉川肇子，杉浦淳吉，矢守克也著『クロスロード・ネクスト―続:ゲームで学ぶリスク・コミュニケーション』ナカニシヤ出版，2009年。

取材協力

関西大学

　関西大学は大阪府吹田市，高槻市および堺市を中心に，13学部，大学院のほか，幼稚園，初等部，中学校，高等学校など，併設校も含めて約35,000人もの学生を擁する総合大学である。

　2010年4月の社会安全学部の設置に先立ち，2007年から学内の危機管理体制を整備している。特に対応力が強化されているリスクが地震であり，毎年実施される訓練では近隣大学からの視察も多い。

横浜市立大学

　横浜市立大学は，横浜市内に2学部，5研究科など，約4,800人の学生を擁する総合大学である。2つの附属病院も設置している。

　同大学の危機管理は，緊急時の対応マニュアル（海外派遣プログラム編），緊急時の対応マニュアル（国内・構内における事件・事故が発生した際の教職員の対応），防災マニュアルの3つを作成し，定期的な研修，訓練，会議での情報共有，学内サーバへの掲示によって，教職員に周知徹底を図っている。

宮城学院

　学校法人宮城学院は，宮城学院女子大学，宮城学院中学・高等学校，大学附属幼稚園など，併設校も含めて約3,600名もの学生を擁する法人である。

　2011年の東日本大震災における被災体験を踏まえて，特に地震において，法人全体の対応力の強化に努めている。

石巻専修大学

　石巻専修大学は，宮城県石巻市内に3学部7学科，約1,100人の学生を擁する総合大学である。同一法人には，専修大学がある。

　同大学では東日本大震災の対応状況を「東日本大震災　石巻専修大学報告書（2012年3月発行）」（2015年度の第5号が最終号で全5号）に取りまとめている。

豊橋中央高等学校

　学校法人高倉学園は愛知県豊橋市に豊橋中央高等学校（生徒数は約800人）と，たかくら幼稚園（園児は約200人）を設置・運営している。

　生徒に対して，また保護者に対して，密なコミュニケーションを通じた関係の強化を最優先に取り組んでおり，結果，いじめがほとんどない状況を作り上げてきている。

目白研心中学校・高等学校

　学校法人目白学園の目白研心中学校・高等学校は，1923（大正12）年に創立された研心学園を前身としている。生徒数の定員は中学生が100人，高等学校が260人である。

　建学の精神は「主・師・親」であり，校訓として「誠実・敬愛・感謝」を掲げて，知識の習得に偏ることなく，心身の発達と鍛錬を目指した教育を実践している。

福島県立いわき海星高等学校

　同校は福島県唯一の津波で被災した高等学校である。4つの学科と卒業生がさらに専門的に学習する専攻科を設置している。学生数は約400名である。

　2014年9月，東日本大震災の写真による記録を「東日本大震災復旧工事落成記念～震災から復興へ～」に取りまとめている。

京都産業大学すみれ幼稚園

　京都府京都市内に約260名の園児を擁する，学校法人京都産業大学が設置する幼稚園である。地震対応訓練，救急救命講習，園バス運転手に対する安全講習など，安全・安心の追及を柱の1つとして掲げている。

【著者紹介】

本間 基照（ほんま もとみつ）

1992年　早稲田大学理工学部電気工学科卒業
同年　　三井住友海上火災保険株式会社 入社
2004年　株式会社インターリスク総研に出向，現在に至る

公会計改革ネットワーク（JAGA）理事・社会リスク研究部会長，日本ディスクロージャー研究学会，大学行政管理学会（JUAM），日本経営分析学会，日本リスク研究学会，日本自治体危機管理学会所属。日本体育施設協会　公共施設研究所専門員，日本証券アナリスト協会検定会員
　（主な著書）
『実践リスクマネジメント―事例に学ぶ企業リスクのすべて』（共著，経済法令研究会，2005年），『大震災後に考えるリスク管理とディスクロージャー』（共編著，同文舘出版，2013年），『スポーツリスクマネジメントの実践-スポーツ事故の防止と法的責任-』（日本体育協会，2015年），『新版・経営分析事典』（共著・日本経営分析学会編，税務経理協会，2015年）など

【編者紹介】

株式会社インターリスク総研

　株式会社インターリスク総研は，上場持株会社であるMS&ADインシュアランス・グループ・ホールディングス株式会社が直接出資する関連事業会社。MS&ADインシュアランス・グループは，持株会社，三井住友海上火災保険株式会社，あいおいニッセイ同和損害保険株式会社などの5つのグループ国内保険会社，弊社を含む8つの関連事業会社から構成されている。

　リスクマネジメントに関するコンサルティング，調査研究，講演，執筆など各種のサービスを提供している。

平成28年3月20日　　初版発行　　　　　　　　　略称：学校リスク

学校・大学リスクマネジメントの実践
―地震対策・事故防止・情報管理―

　　編　者　ⓒ ㈱インターリスク総研
　　著　者　　本　間　基　照

　　発行者　　中　島　治　久

　　発行所　　同文舘出版株式会社
東京都千代田区神田神保町1-41　　　　　〒101-0051
電話　営業(03)3294-1801　　　　編集(03)3294-1803
振替 00100-8-42935　　　　　　http://www.dobunkan.co.jp

Printed in Japan 2016　　　　　　　　　　製版：一企画
　　　　　　　　　　　　　　　　　　　　印刷・製本：萩原印刷

ISBN978-4-495-38641-2

JCOPY〈出版者著作権管理機構 委託出版物〉
本書の無断複製は著作権法上での例外を除き禁じられています。複製される場合は，そのつど事前に，出版者著作権管理機構（電話 03-3513-6969，FAX 03-3513-6979，e-mail: info@jcopy.or.jp）の許諾を得てください。